www.ingramcontent.com/pod-product-compliance
Lightning Source LLC
Chambersburg PA
CBHW060630210326
41520CB00010B/1549

Indice generale

Indice generale..5

Prefazione di Piero Buscemi...7

LA NUOVA GESTIONE UNITARIA DELL'ATTIVITÀ ISPETTIVA: L'ISPETTORATO NAZIONALE DEL LAVORO............................9

   Introduzione...11

   GLI ORGANI E LE FUNZIONI DELL'I.N.L. 13

      1. L'ISPETTORATO NAZIONALE DEL LAVORO............13

      2. LE FUNZIONI...14

      3. GLI ORGANI..16

   LE ATTIVITÀ ISPETTIVE NELL'I.N.L. 21

      1. LA FIGURA DEL FUNZIONARIO ISPETTIVO: POTERI, VALORI, OBBLIGHI E COMPETENZE. 21

         POTERI..21

         VALORI E OBBLIGHI..23

         COMPETENZE 24

      2. L'ITER DEGLI ACCERTAMENTI ISPETTIVI.................27

         ASSEGNAZIONE DELL'ISPEZIONE............................28

         PREDISPOSIZIONE DEL FASCICOLO ISPETTIVO........29

         ACCESSO ISPETTIVO E MODALITÀ DI ACCERTAMENTO 29

         VERBALI E DEFINIZIONE DELL'ACCERTAMENTO: VERBALE DI PRIMO ACCESSO..................................31

         VERBALE UNICO O DI ACCERTAMENTO E NOTIFICAZIONE..32

      3. ULTERIORI STRUMENTI DI ISPEZIONE: IL BILANCIO DI ESERCIZIO...34

IL BILANCIO DI ESERCIZIO CONNESSO ALL'ACCERTAMENTO ISPETTIVO: ANALISI DI UN VERBALE DI ACCERTAMENTO I.N.P.S. 40
   1. LA DISCIPLINA DEL CONTRATTO DI APPALTO 40
   2. ANALISI DEL CASO PRATICO: VERBALE DI ACCERTAMENTO I.N.P.S. 43
   3. CONCLUSIONI DEL CASO IN ANALISI 52
CONSIDERAZIONI FINALI 57
RINGRAZIAMENTI 59
FONTI NORMATIVE 61
BIBLIOGRAFIA 63
   SITOGRAFIA 64
   ALTRE FONTI 64
Giovanni Giuffrida e Girodivite....................................67
   Storie di ordinaria decadenza 69
   Il cavaliere e la fanciulla 78
   L'Enfasi e l'Epopea 82
   Delirio di impotenza 84
   Cleptocrazia 87
Nota di edizione..91
   Questo libro...91
   L'autrice / l'Autore..91
   Le edizioni ZeroBook..92

Prefazione di Piero Buscemi

Arriverderci Gianni

E poi, quando meno te lo aspetti, ti arriva la chiamata che non vorresti arrivasse mai. Un amico comune ti comunica che Giovanni, per tutti semplicemente Gianni, non c'è più. La sua immagine, con quel sorriso di intesa che spesso accompagnava i suoi silenzi, invade la tua vita. E sai già, che lo farà per sempre. Più di quanto non l'abbia fatto in tanti anni che hai avuto la fortuna di frequentarlo.

Gianni è stato un compagno di vita, prima ancora che l'interlocutore ideale con il quale soffermasi a parlare. Era capace di intrattenerti per ore, seminascosto dal fumo della sigaretta, disquisendo di vita vissuta, di politica, di sindacato, di letteratura, con quel tono di sarcasmo intelligente che, sin dalle prime parole, ti faceva capire di avere di fronte un uomo di una cultura sottile.

Anche le pause assumevano importanza, quasi come se dovesse riflettere o ricercare il modo migliore per comunicare, ma la sua spontaneità prevaleva su qualsiasi dubbio o tentativo di interromperlo. Ricorderò sempre le notti trascorse insieme sui litorali liguri, con la scusa di pescare, sua altra grande passione, divoravamo le ore al suono delle onde del mare che si adagiava sulla sua voce.

Le nostre strade si erano divise, per qualche tempo. Ci siamo ritrovati in Sicilia qualche anno dopo. Un solo attimo per riprendere i discorsi interrotti. Le nuove battute di pesca sui luoghi dell'infanzia. E poi, la sua collaborazione con Girodivite. Breve ma importante. Mai banale. Con quella sua grande naturalezza nell'indurre i lettori a riflettere su tutto quanto, ogni giorno, ci circonda.

Gianni se ne è andato con l'umiltà che lo ha contraddistinto in tutta la sua vita. Ha lasciato quel vuoto che, stavolta, il tempo difficilmente riuscirà a colmare. Resterà nei nostri pensieri. Nei ricordi. Nelle sue parole dette. E scritte.

È per questo che vogliamo ricordarlo, proponendo i link agli articoli che ha voluto donare alla nostra redazione. Rileggiamo in silenzio rispettoso le sue preziose parole, che non dimenticheremo mai. Un abbraccio sincero alla sua famiglia, con la quale tutta la redazione di Girodivite sente il bisogno di condividere il dolore della sua perdita.

Ciao Gianni...

Questo libro è la tesi di laurea con la quale la figlia Cristina ha conseguito la Laurea in Economia Aziendale nel 2017, l'anno della scomparsa del padre. Un omaggio che la Redazione di Girodivite vuole dedicare alla memoria di un suo prezioso collaboratore che, pur se con solo cinque articoli, ha arricchito le pagine del nostro giornale con argomentazioni acute e di grande umanità.

Catania, 21 febbraio 2017

Piero Buscemi

LA NUOVA GESTIONE UNITARIA DELL'ATTIVITÀ ISPETTIVA: L'ISPETTORATO NAZIONALE DEL LAVORO

A mio padre Giovanni Giuffrida,
Funzionario di Vigilanza I.N.P.S.
Malgrado la vita abbia voluto che le cose
andassero diversamente, sono sicura che questo
lavoro l'abbiamo svolto, in ogni caso, insieme.
Ti voglio bene, per sempre.

Cristina Giuffrida

Introduzione

In un contesto caratterizzato da continue evoluzioni di carattere economico, normativo e sociale, è fondamentale un sistema unitario di vigilanza capace di intercettare tempestivamente i fenomeni distorsivi del mondo del lavoro e di adottare in tempo reale le relative contromisure di carattere preventivo: tale sistema è stato denominato Ispettorato Nazionale del Lavoro, il quale riunisce al suo interno Ministero del Lavoro e delle Politiche Sociali, I.N.P.S. e I.N.A.I.L.

Compito dell'Ispettorato è quello di contribuire ad affermare il rispetto dei diritti previdenziali ed assicurativi, rafforzare e diffondere la cultura della legalità contributiva, realizzare la concorrenza leale tra gli operatori economici.

Il presente lavoro di tesi si suddivide in tre capitoli.

Il primo capitolo introduce all'istituzione dell'Ispettorato Nazionale del Lavoro, delineandone i motivi che hanno portato alla sua nascita; le funzioni che deve svolgere e gli organi di cui è composto.

Il secondo capitolo analizza la parte operativa dell'ente, rappresentata dalla figura del funzionario di vigilanza. In tale capitolo verrà descritto l'ispettore, con riferimento ai poteri, valori, obblighi e competenze; la metodologia dell'accertamento ispettivo, gli strumenti che il funzionario possiede durante l'ispezione per valutare gli aspetti previdenziali, contributivi e assicurativi; e l'eventuale utilizzo di altri strumenti - a discrezione del funzionario - come il bilancio di esercizio, utile per esaminare aspetti contabili e giuridici, osservandone brevemente le funzioni e la struttura.

Il terzo capitolo rappresenta il cuore dell'elaborato. Tale capitolo - che si collega all'ultimo paragrafo del precedente - ha come oggetto l'analisi di un verbale di accertamento I.N.P.S. Dopo aver esplicato la disciplina del contratto di appalto e le sue caratteristiche, in quanto contratto stipulato dall'impresa oggetto dell'accertamento, viene evidenziato come il bilancio di esercizio possa essere utilizzato dall'ispettore, nello svolgimento dell'attività ispettiva, come indice per valutare la genuinità – o meno - del contratto di appalto con le relative conseguenze giuridiche.

GLI ORGANI E LE FUNZIONI DELL'I.N.L.

1. L'ISPETTORATO NAZIONALE DEL LAVORO

Negli ultimi anni, la necessità di un coordinamento dell'attività ispettiva tra Ministero del Lavoro e delle Politiche Sociali, I.N.P.S e I.N.A.I.L, ha trovato soluzione con il Decreto Legislativo del 14 settembre 2015 n. 149 in attuazione delle disposizione previste dal "Jobs Act", riforma che ha introdotto importanti e innovative disposizioni in materia di Diritto del Lavoro, tra cui la più rilevante è stata l'istituzione *ex novo* di un Agenzia Unica per le ispezioni del lavoro denominata "Ispettorato Nazionale del lavoro" (I.N.L.), operativo dal 1° gennaio 2017.

L'Ente, la cui attività è disciplinata dal relativo Decreto istitutivo e dallo Statuto emanato con Decreto del Presidente della Repubblica del 26 maggio 2016 n. 109, ha sede centrale in Roma ed è sottoposto alla vigilanza del Ministro del Lavoro e delle Politiche Sociali e al controllo della Corte dei conti ed inoltre possiede personalità di diritto pubblico, autonomia organizzativa e contabile. Esso *"integra i servizi ispettivi del Ministero del lavoro e delle politiche sociali, dell'I.N.P.S. e dell'I.N.A.I.L."*, rispondendo alla necessità *"di razionalizzare e semplificare l'attività di vigilanza in materia di*

rispondendo alla necessità *"di razionalizzare e semplificare l'attività di vigilanza in materia di lavoro e legislazione sociale, nonché al fine di evitare la sovrapposizione di interventi ispettivi"* in modo quindi da ottimizzare l'uso di tutte le risorse impegnate nell'attività di vigilanza delle precedenti amministrazioni, al fine di rendere più efficienti ed efficaci i controlli nei confronti delle imprese che operano nell'illegalità assicurando una uniformità di azione ispettiva su tutto il territorio nazionale, prevedendo anche strumenti e forme di coordinamento con quelli delle aziende sanitarie locali (A.S.L.) e delle agenzie regionali per la protezione ambientale (A.R.P.A.).

2. LE FUNZIONI

L'obiettivo perseguito dall'Ispettorato Nazionale del Lavoro è quello di arginare il più possibile il fenomeno del lavoro nero e le irregolarità in materia di contribuzione e previdenza. A tal fine, secondo lo Statuto, l'Ispettorato è chiamato a svolgere le attività ispettive già esercitate da Ministero del Lavoro e delle Politiche Sociali, dall'I.N.P.S. e dall'I.N.A.I.L. - come già enunciato nel primo paragrafo - e le sue funzioni specificatamente previste dal decreto istitutivo.

Esse, in particolare, sono:

A) L'esercizio e il coordinamento su tutto il territorio nazionale, sulla base di direttive emanate dal Ministero del Lavoro e delle Politiche Sociali, delle funzioni di vigilanza in materia di lavoro, contribuzione, assicurazione obbligatoria nonché di legislazione sociale, compresa la vigilanza in materia di salute e sicurezza nei luoghi di lavoro e l'accertamento in tema di riconoscimento dei diritti e delle prestazioni per infortuni sul lavoro e malattie professionali, nonché dell'applicazione della tariffa dei premi I.N.A.I.L. A tal fine l'Ispettorato definisce tutta la programmazione ispettiva e le relative modalità di accertamento, dettando le linee di condotta e le direttive operative per tutto il personale ispettivo;

B) L'emanazione di circolari interpretative in materia ispettiva e sanzionatoria, nonché direttive ed operative rivolte al personale ispettivo, previo parere conforme del Ministero del Lavoro e delle Politiche sociali;

C) La formulazione di proposte inerenti gli obiettivi quantitativi e qualitativi delle verifiche e il monitoraggio della loro realizzazione, in base alle direttive del Ministro del Lavoro e delle Politiche sociali;

D) L'attività di Formazione e di aggiornamento del personale ispettivo;

E) L'attività di promozione della legalità e di prevenzione delle irregolarità presso associazioni, enti e datori di lavoro, al fine di contrastare il lavoro sommerso e irregolare;

F) Lo svolgimento e il coordinamento delle attività di vigilanza sui rapporti di lavoro nel settore dei trasporti su strada;

G) L'attività di studio e analisi sui fenomeni del lavoro sommerso e irregolare e sulla mappatura dei rischi per meglio orientare l'attività di vigilanza;

H) La gestione delle risorse assegnate, anche al fine di garantire l'uniformità dell'attività di vigilanza, delle competenze professionali e delle dotazioni strumentali in uso al personale ispettivo;

I) Lo svolgimento di ogni ulteriore attività connesse allo svolgimento delle funzioni ispettive ad esso affidate dal Ministero del Lavoro e delle Politiche Sociali;

L) L'attività di comunicazione al Ministero del Lavoro e delle Politiche Sociali, all'I.N.P.S. e all'I.N.A.I.L. di ogni informazione utile alla programmazione e allo svolgimento delle attività istituzionali delle stesse amministrazioni;

M) Il coordinamento con i servizi ispettivi delle A.S.L. e delle A.R.P.A. al fine di evitare la sovrapposizione degli interventi e assicurare un'uniformità di comportamento ed una maggiore efficacia degli accertamenti ispettivi.

Si concretizza, quindi, per espressa previsione legislativa, un nuovo modo di gestire l'attività ispettiva in ambito lavoristico e previdenziale, accentrando tutte le competenze in capo a un unico soggetto.

3. GLI ORGANI

Secondo lo Statuto, sono organi dell'Ispettorato Nazionale del Lavoro e restano in carica per tre anni rinnovabili per una sola volta:

I) Il Direttore;

II) Il Consiglio di Amministrazione;

III) Il Collegio dei Revisori;

I) Il Direttore, denominato "Capo dell'Ispettorato", ne ha la rappresentanza legale ed è responsabile delle attività e dei risultati conseguiti dall'Ente. La figura viene selezionata tra esperti, ovvero tra il personale dirigenziale della pubblica amministrazione in possesso di elevata esperienza e professionalità nelle materie di competenza dell'Ispettorato stesso ed è nominata con decreto del Presidente della Repubblica, previa deliberazione del Consiglio dei Ministri, su proposta del Ministero del Lavoro e delle Politiche Sociali. Tale incarico, inoltre, è incompatibile con qualsiasi altro rapporto di lavoro subordinato, sia pubblico, privato, o di lavoro autonomo ma anche con qualsiasi altra attività professionale privata, altresì occasionale, che possa entrare in conflitto con gli scopi e i compiti dell'I.N.L. Per quanto riguarda le funzioni, lo stesso statuto individua le molteplici attribuzioni del Direttore dell'Ispettorato:

A) Determina gli indirizzi, i programmi generali e le scelte strategiche dell'I.N.L., definite d'intesa con il Consiglio di Amministrazione e approvate dal Ministero del Lavoro e delle Politiche sociali;
B) Presenta al Consiglio di amministrazione – che ha il potere di deliberazione in merito – il bilancio preventivo, il conto consuntivo, gli atti generali che regolano il funzionamento dell'Ispettorato e, i piani di spesa e di investimento di ammontare superiore ad 1 milione di euro;
C) Determina le forme e gli strumenti di collaborazione con le altre pubbliche amministrazioni;

D) Definisce linee di condotta e programmi ispettivi del Comando Carabinieri per la tutela del lavoro e ne gestisce le spese di funzionamento;

E) È responsabile dell'attività e dei risultati conseguiti dall'Ispettorato.

F) Stipula con il Ministro del lavoro una apposita convenzione, nella quale sono definiti specificatamente gli obiettivi attribuiti all'Ispettorato, con particolare riferimento all'attività di contrasto al lavoro nero ed irregolare, per un arco temporale non superiore a 3 anni. La convenzione deve poi contenere tutte le indicazioni sui profili finanziari, strategici, gestionali e di conoscenza e verifica dei risultati.

Si osserva inoltre che, tra i compiti del direttore rientrano anche tutti quelli non espressamente assegnati, dalla di legge e dallo Statuto stesso, ad altri organi; e ulteriormente, in quanto mancano le norme sulle procedure di adozione dei regolamenti interni di organizzazione e contabilità, tale competenza viene assegnata al direttore dell'Ispettorato in quanto organo di vertice dell'ente.

II) Il Consiglio di Amministrazione è formato da quattro componenti, in possesso di elevata esperienza e professionalità, ameno di cinque anni, nell'attività di vigilanza e di legislazione sociale, designati con decreto del Ministro del Lavoro e delle Politiche Sociali, di cui uno indicato dall'I.N.P.S. e un altro dall'I.N.A.I.L. in rappresentanza dei suddetti istituti.

Esso si riunisce su convocazione del presidente, il quale viene designato dal Ministro del lavoro e delle Politiche Sociali tra i componenti dello stesso, ogniqualvolta egli lo ritenga necessario - e comunque almeno quattro volte all'anno - e si ritiene regolarmente costituito quando alla seduta sono presenti almeno tre membri. Alle sedute, di cui è redatto un apposito sistema in considerazione delle nuove funzionalità dell'ente e un miglioramento qualitativo dei risultati, consentendo di attingere alle diverse competenze consolidate nel tempo in capo all'integrazione di tutto il personale ispettivo, già appartenete ai ruoli delle precedente amministrazioni.

In particolare il C. d. A:

A) Delibera, su proposta del Direttore, il bilancio preventivo, il conto consuntivo e i piani di spesa ed investimento superiori ad 1 milione di euro;

B) Coadiuva il direttore nell'esercizio delle attribuzioni ad esso conferite;

C) Valuta ogni questione posta all'ordine del giorno su richiesta del direttore stesso.

III) Il Collegio dei Revisori8ha la funzione di controllo sull'attività dell'Ispettorato ed è composto dal presidente, da due membri effettivi e due supplenti. L'incarico di presidente viene conferito con decreto del Ministro del lavoro e delle Politiche Sociali d'intesa con il Ministro dell'Economia e delle Finanze e i membri del collegio assistono, senza diritto di voto, alle sedute del Consiglio di Amministrazione.

Esso è convocato dal presidente, anche su richiesta dei componenti, ogniqualvolta lo ritenga necessario - e comunque almeno ogni trimestre – e si intende regolarmente costituito quando alla seduta, che deve risultare da verbale trascritto sul libro dei verbali del collegio custodito presso l'ispettorato, sono presenti il presidente e i due membri effettivi.

Infine, presso la sede di Roma dell'Ispettorato viene istituito il "Comando Carabinieri per la Tutela del Lavoro"; aspetterà al Direttore dell'Ispettorato - come già enunciato tra le sue funzioni - la definizione delle linee di condotta e dei programmi ispettivi, assicurando l'attività di vigilanza svolta dal personale dell'Arma dei Carabinieri - Nucleo Carabinieri Ispettorato del Lavoro (N.I.L.) - e il coordinamento con l'Ispettorato.

LE ATTIVITÀ ISPETTIVE NELL'I.N.L.

1. LA FIGURA DEL FUNZIONARIO ISPETTIVO: POTERI, VALORI, OBBLIGHI E COMPETENZE.

POTERI

Le azioni poste in essere dai funzionari ispettivi vengono riconosciute comunemente nel diritto positivo come "*attività ispettiva* e, corrispondentemente, i poteri di cui beneficiano vengono generalmente detti "*poteri ispettivi*", conferiti in capo al funzionario ispettivo dal legislatore per il fine inizialmente argomentato.

Questi poteri, conferiti, sono:

A) Il Potere di accesso: consente l'ispezione, in luoghi diversi dalla privata dimora, dove vengono svolte attività lavorative assoggettabili alle norme di legge sulle assicurazioni sociali. Tale potere consente all'ispettore di accedere presso tutti i locali di pertinenza aziendale, siano essi stabilimenti, laboratori, cantieri o altri luoghi di lavoro, per esaminare i libri matricola e paga (adesso Libro Unico), i documenti equiparabili ed ogni altra documentazione, compresa quella contabile, che abbia diretta o indiretta pertinenza con l'assolvimento degli obblighi contributivi e l'erogazione delle prestazioni;

B) *Il Potere di accertamento*: consiste e si esplica in attività di osservazione, sopralluoghi, di ricerca di notizie e prove per la verifica dei corretti adempimenti in capo al datore di lavoro e/o lavoratore; quindi assumere dai datori di lavoro, dai lavoratori, dalle rispettive rappresentanze sindacali, dichiarazioni e notizie attinenti la sussistenza dei rapporti di lavoro, le retribuzioni, gli adempimenti contributivi e l'erogazione delle prestazioni;

C) *Il Potere di contestazione:* consiste nella comunicazione ai soggetti responsabili delle infrazioni/irregolarità commesse;

D) *Il Potere di sequestro:* limitatamente a tutto ciò che costituisce prova dell'illecito amministrativo previdenziale;

E) *Il Potere di diffida:* limitatamente alle materie di previdenza e assistenza sociali per le inadempienze da loro rilevate.

Sempre in ambito di poteri, con l'istituzione dell'Ispettorato Nazionale del Lavoro, il legislatore ha ampliato sensibilmente i poteri dei funzionari ispettivi. L'ampliamento dei poteri riguarda:

• L' attribuzione della qualifica di ufficiale di polizia giudiziaria – che è sicuramente la novità più rilevante in ambito dei poteri - già conferita agli ispettori del Ministero del lavoro ed estesa anche ai funzionari ispettivi I.N.P.S. e I.N.A.I.L., attribuendogli così i poteri inerenti all'attività di accertamento prevista dal codice di procedura penale in modo da assicurare, così, omogeneità nell'attività di vigilanza al fine di accertare e reprimere tutti i reati lavoristici e previdenziali;

• L'attribuzione del potere di adottare il provvedimento di sospensione dell'attività imprenditoriale che si sostanzia in un ordine di interruzione dell'attività dell'azienda ispezionata nel caso di impiego di personale "in nero" in misura pari o superiore al 20% del totale dei lavoratori presenti sul luogo di lavoro.

VALORI E OBBLIGHI

Al fine di garantire trasparenza e integrità all'azione ispettiva e migliorare la qualità del servizio, nell'esercizio delle proprie funzioni per realizzare il controllo sulla legalità e la regolarità dei rapporti di lavoro, il comportamento del personale ispettivo è disciplinato dal "Codice di comportamento ad uso degli ispettori del lavoro" - strutturato in 28 articoli distinti in 5 capi – che identifica, definisce e diffonde i principi guida a livello comportamentale a cui è tenuto il funzionario ispettivo.

Secondo il codice, per "personale ispettivo" si intende il personale inquadrato nei ruoli ispettivi dell'Ente - nonché i militari dell'Arma dei Carabinieri assegnati ai Nuclei Carabinieri Ispettorato del lavoro - a cui sono attribuiti i poteri di vigilanza necessari all'espletamento dei compiti di controllo e verifica in materia di lavoro ed effettua l'esercizio delle sue funzioni aspirando a dei "valori fondamentali", espressi all'interno del codice: il personale ispettivo nell'esercizio delle proprie funzioni deve perseguire i valori fondamentali dell'imparzialità, dell'obiettività, della riservatezza professionale, della trasparenza e deve attenersi a norme di onestà e integrità.

Il codice, oltre a definire i valori, definisce anche gli obblighi propriamente comportamentali del personale ispettivo:
• "Imparzialità e parità di trattamento": Assicura l'imparzialità dell'ispettore e la parità di trattamento dei soggetti ispezionati. Vieta, all'ispettore, qualsiasi trattamento preferenziale e qualsiasi azione arbitraria, operando senza influenza da pressioni,

garantendo l'attuazione del principio di parità di trattamento degli ispezionati. Gli ispettori devono inoltre, nell'esercizio delle loro funzioni, astenersi dal manifestare orientamenti politici o ideologici che possono generare dubbi sulla imparzialità dell'azione di vigilanza;

• "Obbligo di astensione e dichiarazione di incompatibilità": il personale ispettivo è obbligato ad astenersi dall'adottare decisioni o effettuare indagini, qualora possano essere coinvolti direttamente o indirettamente interessi personali o sussistano ragioni di convenienza;

• "Tutela della riservatezza e segreto professionale": L'ispettore non può utilizzare ai fini privati le informazioni di cui dispone per ragioni di ufficio e deve garantire la segretezza della fonte. Inoltre, esso, deve conservare il segreto sulle informazioni inerenti a processi produttivi e lavoratori dell'azienda ispezionata, di cui viene a conoscenza durante l'esercizio delle proprie funzioni e deve effettuare il trattamento dei dati personali nel rispetto della normativa in materia di tutela della riservatezza.

COMPETENZE

Le competenze dei funzionari di vigilanza possono essere racchiuse in due categorie:
• La tutela dei lavoratori: i primi destinatari degli effetti negativi delle irregolarità presenti in un rapporto di lavoro;

• La regolamentazione del mercato del lavoro: al fine di evitare che il mancato rispetto delle regole non incida in modo peggiorativo sulle concorrenzialità delle imprese che agiscono sul piano della legalità.

Nello specifico, gli accertamenti ispettivi saranno mirati:

A) Al contrasto del lavoro sommerso;

B) Alla vigilanza sull'esecuzione di tutte le leggi che hanno come oggetto prestazioni di diritti civili e sociali, - che devono essere garantiti su tutto il territorio nazionale di tutela dei rapporti di lavoro e di legislazione sociale, - ovunque sia prestata attività di lavoro a prescindere dallo schema contrattuale, tipico o atipico, di volta in volta utilizzato -;

C) Alle più significative forme di elusione della disciplina lavoristica e previdenziale;

D) Alla corretta applicazione dei contratti e accordi collettivi di lavoro;

E) Alla consulenza in merito a chiarimenti sulle leggi sulla cui applicazione il personale ispettivo è tenuto a vigilare;

F) Alla vigilanza sul funzionamento delle attività previdenziali e assistenziali a favore dei prestatori d'opera compiute dalle associazioni professionali, da altri enti pubblici e da privati, escluse le istituzioni esercitate direttamente dallo Stato, dalle province e dai comuni per il personale da essi dipendente;

G) Ad evitare distorsioni della concorrenza tra imprese;

H) Ad effettuare inchieste, indagini e rilevazioni, su richiesta dell'I.N.L.;

I) A compiere le funzioni che a esso vengono demandate da disposizioni legislative o regolamentari o delegate dall'I.N.L.

Nella presente tabella20 sono illustrati i risultati complessivi dell'attività di vigilanza svolta nel corso dell'anno 2016 dal personale ispettivo dell'Ispettorato Nazionale del Lavoro, dell'I.N.P.S. e dell'I.N.A.I.L. Tenuto conto della data dell'avvio dell'I.N.L. – 1° gennaio 2017 - tali dati riguardanti l'attività di vigilanza, sono stati oggetto di rilevazione disgiunte; infatti presenta i risultati degli accertamenti svolti separatamente dal personale ispettivo ministeriale, dell'I.N.P.S. e dell'I.N.A.I.L.

In relazione ai risultati, si evidenzia, che l'esame dei dati conclusivi dell'azione ispettiva attesta l'avvenuto conseguimento dell'obiettivo, numerico e qualitativo, stabilito in sede di programmazione, volto ad assicurare un adeguato e omogeneo presidio di tutto il territorio nazionale nonché l'effettiva realizzazione di una tutela dei lavoratori e la promozione del corretto funzionamento del mercato del lavoro, con l'effetto di arginare, inoltre, gli effetti negativi della crisi economica.

Organo di controllo	Aziende Ispezionate	Aziende Irregolari	Numero Lavoratori Irregolari	Numero Lavoratori totalmente in nero	Recupero Contributi Evasi
Ministero del Lavoro Polit. Soc.	141.920	80.316	88.865	43.048	108.162.292
I.N.P.S.	28 818	22 138	39 372	14 051	918 035 814
I.N.A.I.L.	20.876	18.284	57.790	5 007	74.907.678
Totali	191.614	120.738	186.027	62.106	1.101.105.790

63,01 % aziende irregolari Su 191.614 aziende ispezionate

2. L'ITER DEGLI ACCERTAMENTI ISPETTIVI

Il Codice di comportamento ad uso degli ispettori del lavoro disciplina, non solo i valori e gli obblighi, ma dettaglia tutti gli aspetti procedimentali dell'indagine ispettiva.
Nel codice, infatti, si definiscono le due tipologie di verbalizzazione tipiche21 dell'ispettorato del lavoro:

• Verbale di primo accesso: si intende il verbale che è rilasciato dal personale ispettivo alla conclusione delle attività compiute nel corso del primo accesso ispettivo;

• Verbale unico: si intende il verbale di accertamento e notificazione che è rilasciato ai fini della ammissione alla procedura di regolarizzazione, nonché della contestazione delle violazioni amministrative alla conclusione dell'accertamento.

L'iter dell'accertamento ispettivo è composto da una serie di procedure e verbali che hanno come finalità l'elaborazione di un verbale di accertamento e notificazione, con cui si conclude l'ispezione.

ASSEGNAZIONE DELL'ISPEZIONE

In coerenza con l'indirizzo programmatico dell'attività ispettiva e nell'ottica di razionalizzarne l'organizzazione, il Responsabile Area Manageriale "vigilanza", effettua l'assegnazione delle pratiche ai relativi funzionari attraverso la formulazione di un programma con cadenza mensile. In fase di esecuzione, invece, è rimessa alla valutazione dell'ispettore - nell'ambito del programma assegnatogli - la scelta dei luoghi e dei tempi nei quali effettuare o proseguire l'accertamento, e ciò anche per assicurare "l'effetto sorpresa", fondamentale per l'efficacia dell'ispezione. Pertanto l'ispettore dovrà tenere strettamente riservata ogni notizia relativa al programma.

Relativamente, invece, alle modalità organizzative dell'ispezione, vige il principio generale secondo il quale le ispezioni vanno condotte necessariamente in coppia - sia nella fase di primo accesso, sia nelle fasi successive dell'accertamento - compresa la redazione e sottoscrizione del verbale, garanzia questa sia per i verbalizzanti che per i soggetti ispezionati.

PREDISPOSIZIONE DEL FASCICOLO ISPETTIVO

Prima di iniziare l'ispezione presso il soggetto - persona fisica o giuridica che sia - destinatario dell'accertamento, sarà necessario procedere alla fase di predisposizione dell'attività stessa. In base alla tipologia di ispezione da effettuare, il personale ispettivo dovrà raccogliere tutte le informazioni e la documentazione necessaria riguardo l'azienda per l'avvio dell'ispezione, avendo cura di acquisire informazioni riguardanti: organigramma aziendale, dimensioni dell'azienda, articolazione nel territorio, forza lavoro, situazione contributiva e assicurativa.

In tal modo si potrà valutare l'ammontare delle risorse ispettive da impiegare e il carico di lavoro di ciascun ispettore impegnato nell'attività.

ACCESSO ISPETTIVO E MODALITÀ DI ACCERTAMENTO

Alla fase di assegnazione e preparazione dell'ispezione segue quella dell'accesso ispettivo presso il soggetto da sottoporre a ispezione. All'atto dell'accesso, il personale ispettivo ha l'obbligo di qualificarsi, oltre che nei confronti del datore di lavoro o di chi ne fa le veci, anche nei confronti del personale presente sul luogo di lavoro e di ogni altro soggetto, esibendo il tesserino di riconoscimento rilasciato dall'Ente; la mancata esibizione del relativo tesserino non potrà dare luogo all'accesso.

È previsto che il personale ispettivo, nel dare inizio alla sua attività, deve innanzitutto conferire, ove possibile, con il datore di lavoro e/o con un suo rappresentante legale. L'ispettore deve informare il soggetto ispezionato della facoltà di rilasciare dichiarazioni e di farsi assistere nel corso dell'accertamento da un professionista abilitato - ovviamente l'assenza del professionista non sarà di ostacolo dall'esecuzione dell'accertamento - e nel caso in cui sia necessario, l'ispettore dovrà informare l'ispezionato circa i propri poteri di vigilanza, nonché del potere di sanzionare eventuali comportamenti diretti a impedire o ad ostacolare l'ispezione. I rapporti tra ispettori e soggetto ispezionato, devono essere, comunque, basati secondo un principio di collaborazione e rispetto, e, fermo restando le finalità dell'accertamento, questo deve essere effettuato arrecando la minor turbativa possibile allo svolgimento delle attività produttive o di servizio degli ispezionati.

Gli accertamenti devono obbligatoriamente procedere con:

A) L'identificazione delle persone presenti mediante documento di identità valido;

B) Il chiarire la tipologia del rapporto di lavoro instaurato e nel dettaglio le specifiche mansioni;

C)   L'esame della documentazione aziendale eventualmente presente;

D)   Chiedere prova dell'avvenuta comunicazione obbligatoria preventiva di instaurazione del rapporto di lavoro;

F) L'acquisizione delle dichiarazioni.

Tra questi obblighi, una fase fondamentale per l'accertamento ispettivo riguarda *l'acquisizione delle dichiarazioni*:
Il personale ispettivo provvederà all'acquisizione delle informazioni dai lavoratori trovati presenti e intenti al lavoro, procedendo a

redigere il verbale di primo accesso ispettivo. Queste devono essere raccolte dal maggior numero di lavoratori e devono riguardare: tipo di contratto, lavoro svolto, data di inizio rapporto, orario svolto, retribuzione percepita, eventuale straordinario registrato in busta paga ecc.

Durante l'acquisizione delle dichiarazioni, inoltre al fine di non influenzare l'esito dell'indagine ispettiva, è vietata la presenza del datore di lavoro e/o del legale rappresentante o del professionista dati gli inevitabili riflessi di natura psicologica.

Data l'estrema delicatezza e rilevanza dell'acquisizione delle dichiarazioni dei lavoratori, l'ispettore dovrà rapportarsi nei confronti del lavoratore come attraverso una collaborazione costruttiva. Esse inoltre devono essere acquisite con modalità tali da non dar luogo a dubbi di carattere interpretativo: esse devono essere acquisite con domande chiare e comprensibili, riportando le risposte in altrettanto modo. Una volta conclusa la trascrizione della dichiarazione, essa dovrà darsi in lettura al dichiarante affinché ne confermi il contenuto o rilevi eventuali correzioni ed infine proceda a sottoscriverlo. Nel caso in cui sia necessario, al fine di arricchire di ulteriori elementi l'indagine, il personale ispettivo può acquisire le dichiarazione dalle rappresentanze sindacali e da coloro che in passato abbiano prestato attività lavorativa presso l'ispezionato.

VERBALI E DEFINIZIONE DELL'ACCERTAMENTO: VERBALE DI PRIMO ACCESSO

Una volta concluse le attività di verifica compiute nel corso del primo accesso, il personale ispettivo dovrò redigere e rilasciare il verbale di primo accesso al datore di lavoro o a chi ne fa le veci.

Il verbale di primo accesso dovrà contenere:

A) L'identificazione delle persone trovate intente al lavoro;

B) Le modalità del loro impiego, specificando le mansioni svolte;

C) Le attività compiute dal personale ispettivo;

D) L'esposizione delle eventuali dichiarazioni rilasciate dal datore di lavoro, dal professionista o dalla persona presente all'ispezione;

E) Qualsiasi altro documento utile all'accertamento degli illeciti.

Nel caso in cui gli accertamenti siano complessi, prolungati nel tempo o non sia possibile definire l'accertamento sulla base della documentazione prodotta in rispetto al verbale di primo accesso e pertanto siano necessarie ulteriori informazioni per definire le indagini, l'ispettore dovrà redigere un ulteriore verbale: il verbale interlocutorio. In tal caso, questo, dovrà *contenere la richiesta, motivata, di documenti e informazione nonché la menzione che l'indagine è ancora in corso.*

VERBALE UNICO O DI ACCERTAMENTO E NOTIFICAZIONE

Una volta concluso l'accertamento ispettivo nei confronti del soggetto ispezionato, gli ispettori dovranno redigere un ulteriore verbale, il più significativo, denominato verbale unico o di accertamento e notificazione - anche nei casi di accertata regolarità - con cui cessa la competenza dell'ispettore. In tale verbale sono, generalmente, tratte le conclusioni in ordine alle conseguenze derivanti dall'indagine e vengono prospettate dettagliatamente le eventuali sanzioni che, successivamente, l'organo decidente potrebbe irrogare.

Il verbale di accertamento, nello specifico, deve contenere:

A) Gli esiti dettagliati dell'accertamento con l'indicazione puntuale delle fonti di prova degli illeciti rilevati;

B) La diffida a regolarizzare le violazioni sanabili;

C) L'ammissione al pagamento della sanzione minima (o un quarto della sanzione prevista in misura fissa) per le violazioni già sanate (entro 15 giorni);

D) L'ammissione al pagamento della sanzione ridotta (o un terzo della sanzione prevista in misura fissa) per le violazioni non sanate o comunque non sanabili (entro 60 giorni dalla notifica);

E) L'indicazione degli strumenti di difesa, degli organi ai quali poter proporre ricorso e i termini per l'impugnazione.

In tale provvedimento gli ispettori devono ricostruire tutto l'iter operativo e giuridico che hanno svolto nel corso dell'accertamento, indicare le fonti di prova, motivare le violazioni di propria competenza rilevate nel corso dell'accertamento, individuare i presupposti di fatto e le ragioni giuridiche che hanno determinato ai relativi importi per contributi e sanzioni civili e/o amministrative. Tramite la lettura di questo verbale, infatti, il trasgressore deve essere messo in condizione di comprendere in maniera chiara e precisa quali sono le condotte illecite da lui commesse e quali sono le fonti raccolte nel corso dell'accertamento che le provano. Inoltre, per consentire un'adeguata tutela del diritto di difesa dell'ispezionato, il verbale di accertamento e notificazione dovrà contenere l'indicazione degli strumenti di difesa e degli organi ai quali proporre ricorso, con specificazione dei termini di impugnazione.

Tale verbale, infine, è fonte di prova e dovrà essere trasmesso insieme alla documentazione probatoria alle amministrazioni interessate – ad esempio guardia di finanza - nei casi di accertamento dei fatti costituenti reato e violazioni fiscali per l'adozione di eventuali provvedimenti.

3. ULTERIORI STRUMENTI DI ISPEZIONE: IL BILANCIO DI ESERCIZIO

L'attività ispettiva non dovrebbe essere settorializzata ma, semmai, articolata a 360 gradi. Essa non può limitarsi ed esaurirsi alla mera acquisizione delle dichiarazioni rese dai lavoratori e dai datori di lavoro, che pur sempre concorrono – come abbiamo visto nel precedente paragrafo – alla finalità ispettiva.
Ad esempio il lavoratore, generalmente, ha una scarsa conoscenza dei fatti e degli accadimenti aziendali diversi dalle mansioni a cui è assegnato in rapporto alla natura del proprio contratto di lavoro. Quali:

A) Mezzi, capitale e organizzazione del proprietario dell'impresa;

B) Situazioni di collegamento e di controllo;

C) Rischio di impresa e assetto proprietario;

D) Contratti stipulati con altre imprese.

L'ispezione dovrebbe essere effettuata prendendo in considerazione anche tali elementi, in quanto aiutano a comprendere meglio i movimenti dell'impresa ispezionata, che possono essere ricavati:

A) Dai libri e scritture contabili obbligatorie;

B) Dichiarazione rese dalla proprietà o dagli organi di gestione;

C) Atti depositati presso la C.C.I.A.A. territorialmente competente.

Tra questi, nel presente elaborato, sarà posta esclusiva attenzione ai libri e alle scritture contabili obbligatorie in quanto costituiscono l'inizio di un percorso che ha come epilogo il bilancio, utilizzato come strumento per affrontare anche aspetti contabili, oltre a quelli contributivi, previdenziali e assicurativi, utili per la funzione ispettiva.
Nel particolare, le scritture contabili sono documenti che contengono la rappresentazione dei singoli fatti di gestione, cioè le operazioni aziendali poste in essere dall'imprenditore quali: vendite, acquisti, incassi, pagamenti ecc. Dai fatti di gestione possono derivare, quindi, variazioni numerarie positive (+ denaro, + crediti di funzionamento, - debiti di funzionamento) o negative (- denaro, + debiti di funzionamento, - crediti di funzionamento). Esse hanno dunque la funzione di rilevare, al momento della loro manifestazione finanziaria, la consistenza quantitativa e monetaria dei fatti di gestione.

Quindi tali fatti di gestione devono essere correttamente rilevati nelle scritture contabili e appositamente documentati mediante i documenti contabili. I libri e le scritture contabili obbligatorie individuate dal codice civile sono:

1) *Libro giornale.* "La rilevazione, che determina la rappresentazione contabile di ciascun fatto di gestione, deve avvenire, in primo luogo, nel *libro giornale*, nel quale sono indicate giorno per giorno le operazioni sia attive che passive relative all'esercizio dell'impresa". Caratteristica primaria del libro giornale è dunque la *cronologicità e l'analiticità* delle rilevazioni attraverso il metodo della *partita doppia*;

2) *Libro degli inventari*: In contrapposizione alla visione dinamica delle operazioni quotidiane dell'impresa propria del libro giornale, il *libro degli inventari* fornisce una visione statica e a carattere riepilogativo degli elementi del patrimonio attivi e passivi dell'imprenditore. L'inventario, deve essere redatto sia all'inizio dell'esercizio dell'impresa (inventario iniziale), sia, successivamente, ogni anno (inventario annuale) e «si chiude con il bilancio e con il conto dei profitti e delle perdite».

Libro giornale e libro degli inventari costituiscono le scritture contabili in senso stretto.

3) *Fascicolo della corrispondenza*: l'imprenditore deve «conservare ordinatamente per ciascun affare gli originali delle lettere, dei telegrammi e delle fatture ricevute, nonché le copie delle lettere, dei telegrammi e delle fatture spedite». Tali documenti, detti anche 'scritture giuridiche', non contengono effettive rilevazioni

contabili e non costituiscono una scrittura contabile in senso tecnico.

Il continuo processo di rilevazione, che passa dai fatti di gestione, alle scritture contabili e quindi al bilancio, dà luogo alla contabilità generale, intesa come un sistema di determinazione ed espressione, in un linguaggio matematico, dei fatti e delle operazioni aziendali, la cui finalità è rappresentata dalla redazione del bilancio di esercizio che ha la funzione di esporre, in sintesi, i dati contenuti nelle scritture contabili.

Il bilancio, infatti, è un documento di sintesi con cui viene rappresentata la situazione patrimoniale, finanziaria dell'impresa e il risultato economico. In altre parole il bilancio è il documento che enuncia ciò che è accaduto nell'impresa durante l'esercizio: qual è stato il volume dei ricavi e dei costi, se la gestione aziendale ha conseguito un utile o una perdita, qual è la situazione patrimoniale e finanziaria.

Esso deve essere redatto secondo la Clausola Generale, la quale sancisce che il bilancio "deve essere redatto con chiarezza e deve rappresentare in modo veritiero e corretto la situazione patrimoniale e finanziaria della società e il risultato economico dell'esercizio" e rappresenta il principale strumento di informazione per gli stakeholders dell'impresa, sia interni (soci, manager ma anche i dipendenti) i quali hanno l'esigenza di controllarne la gestione; sia per quelli esterni (clienti, fornitori, banche, investitori, terzi) che intendono avviare o mantenere dei rapporti d'affari.

Il bilancio, regolato dagli articoli 2423-2435 *bis* del codice civile, è costituito da tre documenti:

• Stato patrimoniale: è un prospetto finalizzato a rappresentare la situazione patrimoniale e finanziaria dell'azienda in un determinato momento. Esso è formato da un prospetto a sezioni contrapposte: a sinistra vi è l'attivo e a destra il passivo. La prima indica le attività di cui l'azienda può disporre alla data di chiusura dell'esercizio, ossia il complesso degli investimenti a disposizione dell'azienda e delle sue risorse economiche (impianti, macchinari, fabbricati, attrezzature, crediti, denaro, merci in magazzino, brevetti, marchi ecc.); mentre la seconda sezione evidenzia l'entità dei debiti o passività che l'azienda ha nei confronti di soci (per il capitale netto), di istituti di credito, enti, fornitori, finanziatori, dipendenti (per il TFR) e nei confronti di terzi;

• Conto economico: è un prospetto che evidenzia la composizione qualitativa e quantitativa del risultato economico realizzato dall'impresa al termine dell'esercizio attraverso la dinamica dei costi e dei ricavi. Esso è costituito da una forma a scalare che consente di evidenziare una serie di risultati intermedi;

• Nota integrativa: assolve a tre funzioni:

a) Descrittiva: descrive i dati presenti nei due prospetti contabili, contribuendo alla loro interpretazione (movimentazione delle immobilizzazioni, spostamento di voci ecc.);

b) Integrativa: integra e amplia alcune informazioni che non possono essere fornite ricorrendo al modello del bilancio (numero medio dei dipendenti, dati sulle partecipazione possedute ecc.);

c) Esplicativa: spiega il contenuto delle poste presenti nello stato patrimoniale e nel conto economico (criteri di valutazione adottati, variazioni rispetto al precedente esercizio ecc.).

IL BILANCIO DI ESERCIZIO CONNESSO ALL'ACCERTAMENTO ISPETTIVO: ANALISI DI UN VERBALE DI ACCERTAMENTO I.N.P.S.

1. LA DISCIPLINA DEL CONTRATTO DI APPALTO

Prima di dedicarci e comprendere successivamente l'analisi del verbale di accertamento I.N.P.S. attraverso lo strumento del bilancio di esercizio, - il quale si affronterà nel secondo paragrafo di questo capitolo - bisogna premettere che esso è circoscritto unicamente ai contratti di appalto e cioè a quei rapporti aventi per oggetto la fornitura di manodopera e di servizi tra impresa appaltante e impresa utilizzatrice o committente.

A tal proposito è fondamentale soffermarci sulla nozione giuridica e le caratteristiche del contratto di appalto. La relativa normativa in vigenza, che disciplina tale tipo di contratto, è rappresentata dal:

• Art. 1655 c.c.: "l'appalto è il contratto col quale una parte assume, con organizzazione dei mezzi necessari e con gestione a proprio rischio, il compimento di un'opera o di un servizio verso un corrispettivo in danaro".

Ne consegue che elementi caratterizzanti e tipici di tale contratto sono:

a) L'organizzazione dei mezzi necessari da parte dell'appaltatore;

b) La prestazione dedotta nel contratto di appalto che deve avere natura imprenditoriale, quindi il compimento di un'opera o di un servizio, e il suo svolgimento deve avvenire per il tramite di un organizzazione a tal fine predisposta dall'appaltatore;

c) L'assunzione, da parte dell'appaltatore, del "rischio di impresa". L'impresa si assume l'obbligazione di fornire un risultato (opere e/o servizio) e di ciò ne risponde nei confronti del committente;

d) Il pagamento di un corrispettivo da parte del committente.

• Art. 1658 c.c.: "La materia necessaria a compiere l'opera, deve essere necessariamente fornita dall'appaltatore, se non è diversamente stabilito dalla convenzione o dagli usi".
L'appaltatore deve utilizzare materiale proprio per compiere l'opera e si presuppone che almeno automezzi, attrezzature, vestiario, dispositivi di protezione individuale siano di proprietà dell'appaltatore.

• Decreto Legislativo 10 settembre 2003 n. 276, art. 29 Appalto e distacco: "Ai fini della applicazione delle norme contenute nel presente titolo, il contratto di appalto, stipulato e regolamentato ai sensi dell'articolo 1655 del codice civile, si distingue dalla somministrazione di lavoro per la organizzazione dei mezzi necessari da parte dell'appaltatore, che può anche risultare, in relazione alle esigenze dell'opera o del servizio dedotti in contratto, dall'esercizio del potere organizzativo e direttivo nei confronti dei lavoratori utilizzati nell'appalto, nonché per la assunzione, da parte del medesimo appaltatore, del rischio d'impresa."

Spesso le cooperative di produzione e lavoro (lavori di facchinaggio, e in generale, di quelle che forniscono servizi a favore di altre imprese) svolgono spesso la propria attività impiegando prevalentemente le prestazioni lavorative dei soci lavoratori e null'altro. Ne deriva che in taluni casi, l'attività dell'impresa cooperativa non richiede l'impiego di particolari risorse, quali capitali rilevanti, strutture produttive, attrezzature ecc. In questo caso, l'oggetto del negozio finisce per essere esclusivamente una prestazione di manodopera resa dai soci cooperatori che debbono, necessariamente, inserirsi nel ciclo produttivo della struttura imprenditoriale del committente; con relativa osservanza di un orario di lavoro, oltre a ricevere disposizioni da quest'ultimo. L'ipotesi in argomento viene denominata somministrazione di manodopera.

Quindi, in linea generale, possiamo dire che l'appaltatore, deve svolgere la propria attività in assetto di impresa:

¬ Capitale e mezzi;
¬ Propria organizzazione;

¬ Assunzione di rischio.

Se non sono presenti queste tre caratteristiche nel contratto di appalto stipulato, si realizza somministrazione di manodopera.

2. ANALISI DEL CASO PRATICO: VERBALE DI ACCERTAMENTO I.N.P.S.

Una volta delineato il quadro normativo e le caratteristiche del contratto di appalto ed esaurita questa generale premessa per poter comprendere il resto dello studio, procediamo all'analisi del caso in esame.

Il verbale di accertamento portato in esame, riguarda un'ispezione effettuata dai funzionari ispettivi Giuffrida e Nicolini della sede I.N.P.S. di Catania. Gli ispettori in questione non si sono limitati alla sola raccolta delle dichiarazioni rese dal datore di lavoro, dai dipendenti e alla raccolta dei dati aziendali, come tradizionalmente accade durante un'ispezione; ma hanno valutato ulteriori indici come i libri e le scritture contabili obbligatorie, che costituiscono un epilogo del bilancio di esercizio, analizzando stato patrimoniale e conto economico per avere una visione completa dell'impresa ispezionata.

Conoscere gli assetti societari, la veste giuridica dell'azienda, le relazioni di collegamento e/o di controllo con altre aziende, l'acquisizione o cessione di quote societarie sono informazioni importanti che aiutano a comprendere meglio i movimenti aziendali.

In questo modo, l'ispezione assume un carattere innovativo. Non si sono esaminati solo gli aspetti contributivi, previdenziali e assicurativi, – usuali dell'accertamento – ma si sono andati ad esaminare anche ulteriori aspetti, quali contabili e giuridici comportando ulteriori conseguenze oltre a quelle tradizionali di sanzioni in campo contributivo, previdenziale e assicurativo – nel caso in cui vi siano, ovviamente, delle posizioni irregolari.

L'analisi in questione si concentrerà, quindi, sull'analisi di bilancio, in particolare dello stato patrimoniale e del conto economico delle rispettive imprese, tralasciando gli aspetti contributivi, previdenziali e sanzionatori presenti – comunque - nel verbale; evidenziando come lo strumento del bilancio di esercizio, possa essere utilizzato dal funzionario ispettivo per valutare la genuinità, o meno, del contratto in appalto.

Il presente Verbale di Accertamento I.N.P.S. interessa la verifica dei requisiti relativi ai contratti stipulati tra la *GAMMA Società Cooperativa a responsabilità limitata* - società appaltatrice - e la società *ALFA Società per azioni* - società committente-, aventi per oggetto la fornitura di manodopera e di servizi, regolati tramite l'istituto contrattuale previsto dall'art. 1655 del codice civile in materia di contratti di appalto.

INPS

Istituto Nazionale Previdenza Sociale

VERBALE DI ACCERTAMENTO N. XXX Isp.

L'anno 2010 il giorno 15 del mese di febbraio, i sottoscritti XXXX XXXX e Giuffrida Giovanni, ispettori di vigilanza, hanno concluso gli accertamenti amministrativi svolti ai sensi delle vigenti norme sulle assicurazioni sociali obbligatorie (art. 5 della legge 22 luglio 1961, n. 628 e art. 3 legge 11 novembre 1983, n. 638), iniziati in data 19/11/2009 in Catania nei confronti di:

DATORE DI LAVORO

Ditta, ragione sociale o denominazione: GAMMA S.p.A.
Attività esercitata: I-55.10.00 Alberghi.
Sede legale: Catania.

E' stata presa visione dei seguenti atti e documenti:
LIBRO MATRICOLA vid. dall'INAIL il 02/01/2006 con n.1 con reg.: fino al n°
80; Documenti contabili: bilancio di esercizio anno 2008;
Altri documenti esaminati:
Manuale di autocontrollo HACCP.

Il presente accertamento riguarda il periodo dal: 01/05/2008 al 31/10/2009.

PROCEDIMENTO - ACQUISIZIONE DEI FATTI – RILEVAMENTI

L'esame della documentazione aziendale esibita della *ALFA S.p.A.*, confrontata con gli atti dell'Istituto, e con i dettati della legislazione in vigenza, evidenzia che:
4. Incaricato all'esercizio dell'attività dell'*ALFA S.p.A.* è il sig. X, che riveste la carica di Preposto. Con tale nomina: "ha la facoltà di preporre all'esercizio dell'albergo denominato "Y", il quale ha i più ampi poteri di rappresentanza, in ordine all'esercizio del suddetto albergo avente per oggetto l'attività di somministrazione al pubblico di alimenti e bevande. In particolare il procuratore potrà tenere aperto il suddetto punto vendita in nome e per conto della società, provvedendo alla completa gestione di esso, potendo pertanto compiere ogni attività ed operazione necessarie per lo svolgimento dell'attività del punto vendita affidatogli, senza esclusione di potere alcuno ad eccezione di quelli espressamente per legge riservati alla società".

(Fonte: certificato C.C.I.A.A. acquisito agli atti; atti C.C.I.A.A. acquisiti agli atti.)
5. Ha specificato, nell'atto costitutivo/statuto, tra le molteplici e diverse attività previste per il perseguimento dell'oggetto sociale:
a) L'istituzione e la gestione di agenzie di viaggio e turismo, con l'esercizio di tutti i servizi connessi a detta attività;
b) Gestione di noleggio e rimessa di autovetture e autopullman;
c) Esercizio dei trasporti per via terreste, marittima ed aerea di turisti e gitanti, in

Italia e all'estero, svolgimento dei viaggi, organizzazione di gite e crociere;
d) Esercizio dell'impresa alberghiera e di assistenza al viaggiatore;
e) Assunzione in appalto di servizi di mensa o di alloggio;

Ogni altro servizio commerciale connesso all'oggetto sociale.
(Fonte: certificato CCIAA acquisito agli atti)
Di fatto la società si occupa principalmente, se non esclusivamente, della gestione *dell'albergo "Y"*.
6. Ha stipulato con la *GAMMA Soc. Coop* un contratto di Appalto di servizi. L'accordo prevedeva la concessione in appalto, di tutti i servizi necessari per

l'esercizio dell'attività alberghiera e di ristorazione della committente *ALFA S.p.A.*;
(Fonte: contratto di appalto del 28 aprile 2008 acquisito agli atti).

¬ Obbligazioni dell'appaltatore.

I servizi che la *GAMMA Soc. Coop.*dovrà prestare sono:

A) La gestione del ristorante/pizzeria dell'albergo, provvedendo nello specifico alla gestione della cucina con preparazione dei pasti e delle pizze e la loro somministrazione; la gestione della sala dove la ristorazione ha luogo, servendosi di personale proprio secondo le esigenze espresse dalla direzione; il servizio di catering in luoghi diversi dagli spazi dell'albergo; il servizio di ristorazione appositamente commissionato dalla direzione dell'albergo nel caso di eventi speciali o di serate dedicate; il servizio di pulizia all'interno dei locali dove si svolge, nella sua interezza, il servizio di ristorazione dell'albergo;
B) L'esecuzione del servizio di pulizia dell'intero complesso alberghiero, compresi gli spazi all'aperto e la zona fitness ed il rifacimento di stanze e letti, con proprio materiale di pulizia;
C) Il servizio di lavanderia con relativo noleggio di biancheria (letto, bagno, ristorante, piscina, fitness);
D) L'attività di manutenzione ordinaria e riparazione degli impianti presenti in albergo.

Per lo svolgimento dei servizi sopra citati la committente, *ALFA S.p.A*, si obbliga a mettere a disposizione le proprie attrezzature e macchinari stabilmente presenti nella struttura per i quali l'appaltatore dovrà corrispondere un canone annuo di noleggio per € 285.000,00.
¬ Obbligazioni del committente.
In considerazione dei servizi che dovranno essere resi dalla *GAMMA Soc. Coop.*, ai sensi del presente accordo, la *ALFA S.p.A.* accetta:
A) Di effettuare prontamente i pagamenti: per pagamenti si intende la somma di €
65.000,00 al mese (oltre IVA) che il committente corrisponderà per il servizio erogato. Da tale somma restano esclusi i seguenti compensi che la *ALFA S.p.A.* provvederà ad effettuare separatamente:

I) Servizio di catering fuori dell'albergo;

Servizio di ristorante appositamente commissionato dalla direzione dell'albergo nel caso di eventi speciali o di serate dedicate;
III) Servizio di lavanderia con relativo noleggio di biancheria.

B) Di mettere a disposizione dell'appaltatore tutte le attrezzature ed i macchinari necessari per garantire l'esecuzione dei suoi servizi;
C) Di fornire all'appaltatore la necessaria cooperazione per l'esecuzione dei suoi servizi.

Data di inizio contratto: Si intende il 24 maggio 2008.
Data di scadenza: Si intende il 23 maggio 2009.
L'obbligazione contrattuale della *GAMMA Soc. Coop.*assunta, sarà svolta attraverso l'utilizzo di tutte le risorse umane in essa disponibili: alcuni soci e, in gran parte, da personale dipendente terzo assunto, per l'occorrenza, dalla cooperativa stessa. Dall'esame della documentazione aziendale e dei dati contabili, è stato possibile accertare, inoltre, che la società Cooperativa, per fronteggiare l'obbligazione assunta e cioè quella di garantire tutti i servizi necessari alla committente, faceva ulteriore ricorso di altre maestranze, con la formale qualifica di lavoratori extra. Tale circostanza si realizzava in occasione di eventi e speciali servizi di durata limitata (banchetti, convegni o manifestazioni analoghe).

FONTI NORMATIVE E RIFERIMENTI

Preliminarmente va osservato che:
• L'articolo 2193 del c.c., in materia di efficacia di iscrizione al Registro Imprese, istituito presso le camere di Commercio territorialmente competente, dispone che: "I fatti dei quali la legge prescrive l'iscrizione, se non sono stati iscritti, non possono essere opposti ai terzi da chi è obbligato a richiederne l'iscrizione, a meno che questi provi che i terzi ne abbiano avuto conoscenza. L'ignoranza dei fatti dei quali la legge

prescrive l'iscrizione non può essere opposta dai terzi dal momento in cui l'iscrizione è avvenuta. Sono salve le disposizioni particolari della legge."

• L'articolo 2423 del c.c., in materia di redazione del bilancio. "Il bilancio deve essere redatto con chiarezza e deve rappresentare in modo veritiero e corretto la situazione patrimoniale e finanziaria della società e il risultato economico dell'esercizio."

L'iscrizione al Registro Imprese e/o il deposito allo stesso degli atti di bilancio, determinano effetti di pubblicità legale: servono cioè, non solo a rendere ufficiali e riconoscibili i dati pubblicati, ma i fatti e gli atti in essi ascritti sono opponibili a chiunque e lo sono sin dal momento stesso della loro registrazione (cd. Efficacia positiva immediata). Inoltre, sempre in tema di efficacia probatoria degli atti aziendali, i libri e le altre scritture contabili delle imprese soggette a registrazione fanno prova contro l'imprenditore.

CONTESTAZIONI E RILIEVI

Dall'esame della documentazione contabile esaminata emerge:

A) Sotto l'aspetto patrimoniale un quadro caratterizzato dalla totale assenza di conti accesi alle immobilizzazioni (materiali, immateriali e finanziari), costi pluriennali, impianti ecc. (Fonte: bilanci di esercizio 2008 e registro beni ammortizzabili).

Nel merito, la *GAMMA Soc. Coop.*:

¬ Non dispone di propri locali, uffici e stabilimenti;

¬ Non ha proprie attrezzature o strumenti di lavoro;

¬ Non ha propri macchinari e mezzi aziendali.

Un'impresa per produrre un bene o erogare un servizio deve disporre di tutti quegli elementi che servono a garantire le obbligazioni assunte: fabbricati, laboratori, terreni, impianti, attrezzature, automezzi ecc.

Un'impresa caratterizzata negli anni dalla totale o quasi assenza in bilancio di conti accesi alle immobilizzazioni (materiali, immateriali o finanziarie), denota la mancanza, in generale, di tutte quelle voci dell'attivo, necessarie ed indispensabili, senza le quali un'impresa non potrebbe né funzionare né sopravvivere, determinando inoltre un grave pregiudizio alla sua stessa capacità di produrre reddito.

Conseguenza di ciò è che la prestazione dedotta in contratto non ha una natura imprenditoriale e il suo svolgimento non avviene attraverso di un organizzazione di mezzi predisposta dall'appaltatore, quindi non si realizza l'assetto di impresa.

L'appaltatore è un imprenditore?

B) Sotto l'aspetto economico, la gestione si caratterizza per le spese sostenute per:
• Costo del personale: salari e stipendi, oneri sociali, accantonamento TFR, premi I.N.A.I.L.;
• Costo dei servizi (spese connesse all'acquisizione di servizi nell'esercizio dell'attività ordinaria dell'impresa svolte da soggetti o imprese esterne);
• Scarsi o totalmente assenti spese per acquisto di materie prime e/o d consumo, amministrazione, manutenzione, riparazione, affitti, carburanti, oneri di gestione ecc.

(Fonte: conto economico – conto analitico costo dei servizi – prospetto costi e ricavi)

Nelle scritture contabili, come si può osservare, non figurano costi significativi o comunque indicativi, tali da giustificare i flussi gestionali in rapporto alle attività appaltate. Materie prime, materiali di consumo, utenze, ecc. sono tutte a carico della parte committente, come affermato ed acquisito agli atti nella dichiarazione liberamente rilasciata dal Presidente del Consiglio di Amministrazione.

Un'impresa per produrre beni e servizi, e quindi operare, sostiene generalmente una serie di costi che riguardano l'acquisto di materie prime e di consumo, di amministrazione, di manutenzione, di riparazione, di utenze, affitti, carburanti ecc. Nel caso in esame il ciclo di gestione dell'impresa si caratterizza, esclusivamente, per i costi di esercizio sostenuti per il "personale" e per i "servizi". Non si registrano importi significativi e comunque tali da giustificare flussi e processi organizzativi/produttivi coerenti alle attività appaltate.

Negozio simulato?

Per contro, il Bilancio di esercizio della *ALFA S.p.A.*, chiuso al 31.12.2008, registra i seguenti importi:

A) alle voci dell'attivo dello Stato Patrimoniale:

• Immobilizzazioni immateriali: 232.709,00 €

• Immobilizzazioni materiali: 22.586.410,00 €

- Terreni e Fabbricati: 22.307.944,00 €

- Impianti e Macchinari: 75.676,00 €

- Attrezzature industriali e commerciali: 22.131,00 €

- Altri beni: 180.659,00 €

• Immobilizzazioni finanziarie: 20.000,00 €

(Fonte: Stato Patrimoniale, Conto Economico e nota integrativa di bilancio anno 2008.)

Come vediamo, la *ALFA S.p.A* al contrario della *GAMMA Soc. Coop.*:

¬ Dispone di locali propri, uffici e stabilimenti;

¬ Ha proprie attrezzature e strumenti di lavoro;

¬ Ha propri macchinari e automezzi.

B) Nel Conto Economico si rilevano in particolare le seguenti voci di costo:
• Materie c/acquisti (merci c/ristorante, caffè ecc.): 139.052,00 €
• Assicurazioni (automezzi, autovetture ecc.): 18.018,00 €
• Canoni di assistenza tecnica: 3.231,00 €
• Compensi a terzi per servizi: 246.620,00 €
• Spese di manutenzione: 54.841,00 €
• Servizi di lavanderia: 17.255,00 €
• Spese per organizzazione di servizi: 29.980,00 €
• Spese per prestazioni di servizi: 50.836,00 €
• Acquisto prodotti di pulizia: 4.223,00 €
• Acquisto divise alberghiere: 3.011,00 €
• Carburanti e lubrificanti: 8.525,00 €
• Materiali di consumo: 5.434,00 €

(Fonte: Bilancio di Esercizio - Conto Economico anno 2008 acquisiti agli atti.)

Sotto l'aspetto economico il ciclo di gestione dell'impresa esprime in maniera apprezzabile e considerevole il flusso degli investimenti e si caratterizza, principalmente, per l'acquisto dei fattori produttivi che giustificano la produzione. I costi che l'impresa sostiene sono significativi e comunque tali da giustificare l'esercizio di impresa.

3. CONCLUSIONI DEL CASO IN ANALISI

L'esame del caso in questione attraverso l'analisi della documentazione contabile, civilistica e aziendale, ha condotto a delle conseguenze prettamente giuridiche rilevate attraverso l'analisi contabile.

Si è potuto accertare che la GAMMA *Soc. Coop*:
- Manca dell'organizzazione dei mezzi necessari alla produzione:

Requisito imprescindibile ed elemento caratterizzante del contratto di appalto, come enunciato inizialmente, è l'impiego di una organizzazione di mezzi necessari alla produzione da parte dell'appaltatore.
L'Organizzazione, in questo senso, implica la presenza di tutti quei fattori che rendono possibile la produzione; ovvero la capacità di disporre, gestire e combinare adeguatamente i fattori produttivi dell'impresa, combinazione senza la quale non si raggiungerebbe alcun risultato.
Conseguenza è che la prestazione dedotta nel contratto di appalto deve avere una natura imprenditoriale e il suo svolgimento deve avvenire per il tramite di un organizzazione di mezzi predisposta a tal fine dall'appaltatore.

- Assenza di subordinazione e mancanza di autonomia:

Il rapporto di dipendenza e le prestazioni rese dal lavoratore devono essere sotto il diretto ed esclusivo controllo dell'impresa appaltante. L'autonomia dell'appaltatore può essere limitata in funzione dei poteri di controllo del committente, ma non può mai essere eliminata del tutto.

Si noti che i prospetti aziendali - acquisiti agli atti - indicanti le presenze giornaliere, contengono nello stesso foglio, sia le presenze di una che dell'altra società. I fogli di presenza sono tenuti e gestiti, personalmente e all'interno del suo ufficio dal direttore dell'albergo, il quale, è dipendente della stessa committente *ALFA SPA*.

Le prestazioni rese dai lavoratori dell'appaltatrice *GAMMA soc.coop.*, diffusamente inseriti nell'organigramma aziendale della committente *ALFA S.p.A.*, non permettono di individuare il sevizio reso come un "quid" autonomo e distinto rispetto alla residua attività di lavoro.

Inoltre, i lavoratori della *GAMMA soc. coop.*, prestano la loro attività sistematicamente e continuativamente a favore della committente ALFA S.p.A., dalla quale dipendono e prendono direttive; tanto da ritenerla il loro datore di lavoro "effettivo" (circostanza conosciuta, ricorrente e diffusa, rilevabile dal tenore delle dichiarazioni rese nel corso degli accertamenti ispettivi dai lavoratori dello pseudo-appaltatore dove si evince la consapevolezza degli stessi di un'effettiva dipendenza dal committente).
Si rileva infine che molti lavoratori hanno prestato servizio alle dipendenze dell'una e dell'altra società. Emerge, in proposito, dalla lettura delle dichiarazioni acquisite agli atti, che i lavoratori non hanno una chiara percezione di questi accadimenti aziendali, degli spostamenti e dei passaggi tra le due ditte cui sono stati più volte interessati.

Anche nell'ipotesi estrema che una linea o ciclo produttivo sia completamente composto dai dipendenti dell'azienda appaltatrice GAMMA *soc. coop.*, ad sistema in considerazione delle nuove funzionalità dell'ente e un miglioramento qualitativo dei risultati, consentendo di attingere alle diverse competenze consolidate nel tempo in capo all'integrazione di tutto il personale ispettivo, già appartenete ai ruoli delle precedente amministrazioni.

- Non c'è il rischio di impresa:

In tal senso il concetto di rischio di impresa va oltre il significato di rischio di "perdita monetaria". Infatti per rischio di impresa deve intendersi un concetto molto più ampio: il rischio economico, ne consegue che la propria attività non piò esaurirsi al solo impiego e alla fornitura di prestazioni lavorative e null'altro.

L'appalto è un contratto che ha per oggetto il risultato di un *facere* e cioè il compimento di un'opera. Ne deriva che l'appaltatore è a tutti gli effetti un imprenditore, non un semplice intermediario, e al fine di raggiungere il risultato concordato, organizza i mezzi necessari alla produzione e assume la gestione del proprio rischio per la realizzazione dell'opera o del servizio appaltato. Si noti quindi come organizzazione, autonomia e rischio di impresa sono fra loro fattori strettamente correlati e collegati, e una volta accertata l'estraneità dell'appaltatore all'organizzazione e direzione dei lavori nell'esecuzione delle attività appaltate diventa superflua qualsiasi questione inerente il rischio economico, con il risultato che la prestazione non sarà più a risultato ma a tempo.

Proprio su questa nozione di rischio, inoltre, si fonda la distinzione tra:

• Appalto genuino: il committente deve il corrispettivo all'appaltatore solo con la prestazione del risultato (opera o servizio che sia);

• Appalto illecito di manodopera: il committente retribuisce comunque l'appaltatore a prescindere dal conseguimento del risultato per il solo fatto di avere svolto il lavoro.

Per concludere, alla luce di quanto stabilito:

• Dall'art. 1655 c.c.: Esercizio di impresa (organizzazione – fattori della produzione – rischio di impresa) finalizzato al compimento di un opera o di un servizio;

• Dall'art. 1658 c.c.: utilizzo da parte dell'appaltatore di materiale proprio per compiere l'opera;

• Dal Decreto Legislativo 10 settembre 2003 n. 276, art. 29 - Appalto e distacco." In materia di distinzione tra contratto di appalto e contratto di somministrazione di lavoro. Indicando come aspetti caratteristici e qualificanti l'organizzazione dei mezzi necessari da parte dell'appaltatore, e il rischio d'impresa".

Ne deriva che, attraverso l'analisi del bilancio di esercizio, in particolare dello stato patrimoniale e del conto economico, i funzionari ispettivi hanno accertato che l'imprenditore/appaltatore utilizzasse prestazioni di lavoratori forniti da altri, assumendosi però l'organizzazione dei mezzi, la direzione dei lavoratori e il rischio d'impresa, concretizzando così un contratto di appalto non genuino, ma un contratto di somministrazione di manodopera.
I contratti, infatti, valgono per il loro contenuto effettivo e non per il "nomen iuris" dichiarato e utilizzato dalle parti. In questo caso, la GAMMA Soc. Coop. stipula con la ALFA S.p.A un contratto di appalto per la fornitura dei servizi, per cui, l'oggetto del negozio finisce per essere esclusivamente una prestazione di manodopera resa dai soci cooperatori e/o da personale della stessa che debbono, necessariamente, inserirsi nel ciclo produttivo della struttura imprenditoriale del committente e a ricevere direttive e disposizioni da quest'ultimo.
Infine, poiché nel caso in esame si fa riferimento all'ipotesi di una utilizzazione illecita di somministrazione di manodopera in assenza

di sistema in considerazione delle nuove funzionalità dell'ente e un miglioramento qualitativo dei risultati, consentendo di attingere alle diverse competenze consolidate nel tempo in capo all'integrazione di tutto il personale ispettivo, già appartenete ai ruoli delle precedente amministrazioni.

CONSIDERAZIONI FINALI

Il lavoro esposto ha inteso rappresentare:

• L'istituzione dell'Ispettorato Nazionale;

• L'attività di vigilanza svolte dai funzionari ispettivi.

Per quanto concerne il primo punto, si è voluto sottolineare come la data dell'1 gennaio 2017 ha senza dubbio delineato per la situazione italiana, l'inizio di una significativa fase di rinnovamento in materia di lavoro e legislazione sociale. La sfida per il nuovo management dell'Ispettorato sarà, quindi, l'ottimizzazione e il perfezionamento delle performance del vecchio sistema in considerazione delle nuove funzionalità dell'ente e un miglioramento qualitativo dei risultati, consentendo di attingere alle diverse competenze consolidate nel tempo in capo all'integrazione di tutto il personale ispettivo, già appartenete ai ruoli delle precedente amministrazioni.

Si tratta, pertanto, della realizzazione di una omogenea forma di cooperazione e sinergia in grado di superare definitivamente la frammentazione del corpo ispettivo e della metodologie ispettiva, rendendola più efficace.

Per quanto riguarda invece il secondo punto, le attività del funzionario di vigilanza, si è voluto evidenziare come l'ispettore deve analizzare ogni fenomeno distorto riscontrato al fine di trovarne i modi per combatterli, sia in ambito del lavoro e non; coniugando perfettamente la materia lavoristica e previdenziale con quella contabile e fiscale, aprendo una nuova strada alla metodologia ispettiva.

Il metodo ispettivo illustrato in tale elaborato, infatti, ha permesso di ispezionare l'azienda oggetto di accertamento anche da altri punti di vista, con le relative conseguenze, non limitandosi solamente agli aspetti essenziali e tipici dell'azione ispettiva dell'I.N.L.

RINGRAZIAMENTI

Un traguardo così importante non si raggiunge mai da soli.

Giunta al termine di questo lavoro e del mio percorso di studi, vorrei ringraziare in queste ultime righe tutte quelle persone che hanno creduto sempre in me, che mi sono state vicine e che mi hanno permesso e incoraggiato nel raggiungimento di questo traguardo, che rappresenta contemporaneamente sia un punto d'arrivo ma anche un punto di partenza.

In particolare, desidero ringraziare:

In primis mio padre Giovanni, sempre al mio fianco, perché è proprio grazie a lui che è nata questa tesi e la rende, per me, motivo di grande orgoglio. È riuscito a trasmettermi la passione per il suo lavoro, il quale è intrecciato perfettamente con il mio percorso di studi.

Aveva proprio ragione: è tutto collegato e questa tesi lo dimostra.

Grazie, ovviamente, anche a mia madre Gabriella. La mia immensa gratitudine va, infatti, ai miei genitori per essermi stati sempre accanto, per aver creduto sempre in me, per avermi spronato, supportato ma anche sopportato in questi anni di studio, gioendo insieme nei successi ma anche confortandomi nei momenti difficili, senza farmi mai mancare il loro sostegno, dandomi sempre consigli preziosi per prendere le giuste decisioni. Senza di voi non sarei mai potuta diventare quello che sono e non avrei mai potuto raggiungere questo traguardo. Per me siete i genitori migliori del mondo.

Un ringraziamento particolare va, poi, a Nello per avermi guidata e aiutata nella raccolta dei documenti, oltre che ad avermi sostenuta e incoraggiata durante l'elaborazione di questo lavoro e ovviamente, anche a Sandra, indispensabili entrambi per la mia famiglia.

Un profondissimo grazie va anche alle amiche di sempre: Giusy, Domenica, Chiara, Aurora e Emanuela con cui in un modo o nell'altro, ho condiviso questi anni di gioie e sacrifici, successi e insuccessi, sogni e paure e so che potrò continuarlo a fare in futuro.

Grazie, ancora, ad Alessia. Compagna di avventura universitaria nonché grandissima amica, con cui condivido ricordi stupendi; grazie per il suo affetto incondizionato e per il suo prendersi cura di me come una sorella maggiore.

I miei più sentiti ringraziamenti vanno, altresì, alla mia relatrice, la Prof.ssa Rizza, per la fiducia sin da subito dimostratami nell'avere accettato questo argomento, per la grande disponibilità, l'attenzione e la cortesia dimostratami durante la stesura del lavoro, oltre che per il piacere e il coinvolgimento provati durante le sue lezioni di Ragioneria Generale.

FONTI NORMATIVE

Gazzetta Ufficiale della Repubblica Italiana.

Decreto Legislativo n. 276 del 10 settembre 2003, Appalto e distacco.

Decreto Legislativo n. 124 del 23 aprile 2004, razionalizzazione delle funzioni ispettive in materia di previdenza sociale e di lavoro.

Decreto Ministeriale del 15 gennaio 2014, Codice di Comportamento ad uso degli ispettori, Ministro del Lavoro e delle Politiche Sociali.

Decreto Legislativo n. 149 del 14 settembre 2015, Razionalizzazione e semplificazione dell'attività ispettiva, Presidente della Repubblica.

Decreto Legislativo n. 109 del 26 maggio 2016, Statuto dell'Ispettorato Nazionale del Lavoro, Presidente della Repubblica.

Circolare n.76/2016, ricognizione delle istruzioni operative in materia di attività di vigilanza e procedimento ispettivo, Direzione Centrale Vigilanza Prevenzione e Contrasto all'Economia Sommersa I.N.P.S.

Circolare n.2/2017, profili logistici, di coordinamento, di programmazione del personale ispettivo – prima indicazioni, Ispettorato Nazionale del Lavoro.

Di Majo A., Codice Civile, Giuffrè Editore, 2017.

BIBLIOGRAFIA

Alexander D., Nobes C., Caruso G. D., Ferrari E. R., Financial Accounting. Il bilancio secondo i principi contabili internazionali, Pearson, 2008.

Amaduzzi A., Appunti di ragioneria applicata, Torino, UTET, 1932.

Caldarone S., Nozioni di contabilità generale, Scuola superiore dell'economia e delle finanze, corso di aggiornamento per gli ispettori di vigilanza dell'INPS, Master Edizioni, 2001.

Catalfo P., Caruso G., Cardillo E., Molina S., Ferrari E., Di Dio G., Poselli M. (a cura di), Introduzione alla Ragioneria Generale. Concetti, logiche e metodi, G. Giappichelli Editore- Torino, 2009.

Cerbioni F., Cinquini L., Sòstero U., Contabilità e bilancio, McGraw-Hill, V edizione, Milano 2016.

Racugno, G., *Introduzione alla contabilità d'impresa*, in *Riv. dir. comm.*, 2012.

Sandulli A., Osservazioni in tema di ispezioni amministrative, 1987.

SITOGRAFIA

http://www.altalex.com/

https://www.inps.it

https://www.ispettorato.gov.it

http://www.jobsact.lavoro.gov.it/

http://www.lavoro.gov.it

http://www.treccani.it/diritto

ALTRE FONTI

Giovanni Giuffrida e XXXXXXXX XXXXXXX, Verbale di accertamento I.N.P.S., 2010.

Attività di vigilanza sede di Catania – indicazioni operative e modalità comportamentali dei funzionari di vigilanza nell'espletamento delle funzioni, 2012.

Documento di programmazione della vigilanza per il 2016, Ministero del Lavoro e delle Politiche Sociali – Direzione generale per l'attività ispettiva, 2016.

Giovanni Giuffrida – Funzionario di Vigilanza I.N.P.S., Convegno di studi: i contratti di appalto e somministrazione regole e opportunità, Catania, 7 giugno 2016.

Rapporto annuale dell'attività di vigilanza in materia di lavoro, legislazione sociale, anno 2016.

Bollettino adapt.it, il nuovo codice di comportamento per gli ispettori del lavoro.

Bussino T., l'I.N.P.S. fornisce le nuove linee guida ai propri ispettori, Associazione per gli studi internazionali e comparati sul Diritto del Lavoro e sulle relazioni industriali.

La circolare di lavoro e previdenza, Euroconference editoria.

Giovanni Giuffrida e Girodivite

Gianni (tra gli amici era semplicemente chiamato Gianni) era un grande osservatore del mondo che lo circondava. Curiosità, analisi, considerazioni e capacità di trovare sempre una logica a tutto quanto diventava oggetto di studio ed approfondimento, erano le prorogative con le quali affrontava qualsiasi argomento o discussione, che si trattasse di politica, sindacato, problemi legati al mondo del lavoro, del quale era fino esperto. Ma anche argomenti più leggeri, che potessero essere lo sport, la musica o la pesca sportiva, sua altra grande passione.

Un uomo così non poteva non entrare in contatto con la nostra redazione. Fu sufficiente proporgli di scrivere un articolo su un tema a sua scelta, che il creativo Gianni sciogliesse la sua innata indole di comunicazione. Un'esperienza che ha ripetuto in cinque occasioni. Cinque articoli di un profondissimo ego psicologico. Cinque articoli che non potevano passare inosservati, né a noi della redazione di Girodivite, né ai nostri abituali lettori.

Cinque articoli che vogliano riproporre. Un modestissimo omaggio alla memoria di questo nostro prezioso collaboratore. Un modo umile e semplice per ricordarlo.

La Redazione di Girodivite

Storie di ordinaria decadenza

La storia della differenze oltraggiate, discriminate e sfruttate, risale a tempi antichissimi e purtroppo, qualcuno vuole che sia ancora di grande attualità.

Donne, neri, selvaggi, bambini, mostri…il cammino per l'affermazione dei diritti e del principio di eguaglianza fra gli uomini è un processo che matura lentamente, che si sviluppa su sentieri tortuosi e difficili.

La storia della differenze oltraggiate, discriminate e sfruttate, risale a tempi antichissimi e purtroppo, qualcuno vuole che sia ancora di grande attualità. Si alimenta il sentimento dell'odio, della violenza, dell'aggressività e del sopruso, generando diversità e fenomeni di razzismo. Si trasmettono valori e ideologie che allo stesso tempo promettono impunità per alcuni e severità per altri. Si vuole più sicurezza forse anche ordine e disciplina.

È evidente che qualcuno ha interesse a creare tutta questa confusione, questo disordine. Tutto questo non ci fa sentire più sicuro; non è questa la sicurezza che è insita nella nostra cultura. O almeno, così dovrebbe essere. D'altronde se qualcuno non vuole che le gente veda certe cose, basta fargliene vedere altre; e se invece, qualcuno non vuole che la gente parli di certe cose, basta darle in pasto altri argomenti.

Ritorniamo alla vecchia concezione che ha generato la separazione tra classi sociali: si ripresentano come fantasmi del passato le antiche gerarchie fra ricchi e poveri, fra nobili e schiavi, fra cittadini (italiani) e non. E tra lavoratori.

Alla base di tutto vi è una grande condizione di precarietà, di profondo bisogno e di povertà. Aumentano sempre più le diseguaglianze, i poveri sono sempre più poveri in quantità e in qualità, i ricchi lo sono sempre di più. È sempre stato bello essere ricchi, ma oggi lo è ancora di più, perché puoi contare su amicizie importanti, fare "cordate", comprare il Colosseo o la Banca d'Italia a prezzi vantaggiosi riservati solo agli "amici".

Il dramma è che molte persone vivono ormai, involontariamente, una condizione che determina una situazione lavorativa caratterizzata dalla mancanza di continuità del rapporto di lavoro e per la mancanza di un reddito idoneo a pianificare la propria vita, sia quella presente che quella futura.

Ci riferiamo al fenomeno abituale e ordinario del lavoro nero e a quello nuovo e decadente dei contratti cd. flessibili o atipici. All'interno di questi schemi contrattuali soccombono, all'insegna di logiche più o meno accomodanti dettati da esigenze ed interessi considerati superiori (economia e mercato del lavoro), diritti sociali elementari e conquiste sindacali.

Occorre ripristinare la cultura della legalità. Combattere chi sfrutta e chi evade. Sostenere, con un atteggiamento forte e deciso, le forze preposte a tali adempimenti. Dare un segnale di discontinuità rispetto alla politica dei condoni e della tolleranza. Sono state letteralmente spazzate norme circa la tracciabilità degli assegni, obbligo di trasferire on-line l'elenco clienti e fornitori, la tassazione delle stock option, l'obbligo per i professionisti di tenere conti correnti appositamente dedicati ecc..

Per contro, sono state emanate norme circa l'esenzione dalla tassazione delle plusvalenze delle persone fisiche derivanti dalla cessione di partecipazioni azionarie; sono state inventate vere e proprie forme di "condono individuale permanente". Ci riferiamo agli accertamenti operati dalla Guardia di Finanza dove è prevista la possibilità di chiudere un verbale di accertamento con una considerevole riduzione delle sanzioni.

Se in campo fiscale la situazione è buia e fangosa in campo contributivo è peggio. Basti pensare alle norme recentemente inserite, circa alcuni provvedimenti, in materia di lavoro. Tra i tanti, due tra i più significativi sono:

1) Introduzione del Libro unico del lavoro, articoli 39 e 40 del decreto legge 25 giugno 2008, n. 112. In pratica rende impossibile la lotta al lavoro nero;*

2) Direttiva del Ministro in materia di servizi ispettivi e attività di vigilanza del 18 settembre 2008.**

Norme denominate, forse con ironia, di semplificazione. In effetti queste norme "semplificano" decisamente la vita agli evasori.

*Art. 39. Adempimenti di natura formale nella gestione dei rapporti di lavoro

1. Il datore di lavoro privato, con la sola esclusione del datore di lavoro domestico, deve istituire e tenere il libro unico del lavoro nel quale sono iscritti tutti i lavoratori subordinati, i collaboratori coordinati e continuativi e gli associati in partecipazione con apporto lavorativo. Per ciascun lavoratore devono essere indicati il nome e cognome, il codice fiscale e, ove ricorrano, la qualifica e il livello, la retribuzione base,

l'anzianità di servizio, nonché le relative posizioni assicurative.

2. Nel libro unico del lavoro deve essere effettuata ogni annotazione relativa a dazioni in danaro o in natura corrisposte o gestite dal datore di lavoro, comprese le somme a titolo di rimborso spese, le trattenute a qualsiasi titolo effettuate, le detrazioni fiscali, i dati relativi agli assegni per il nucleo familiare, le prestazioni ricevute da enti e istituti previdenziali. Le somme erogate a titolo di premio o per prestazioni di lavoro straordinario devono essere indicate specificatamente. Il libro unico del lavoro deve altresì contenere un calendario delle presenze, da cui risulti, per ogni giorno, il numero di ore di lavoro effettuate da ciascun lavoratore subordinato, nonché l'indicazione delle ore di straordinario, delle eventuali assenze dal lavoro, anche non retribuite, delle ferie e dei riposi. Nella ipotesi in cui al lavoratore venga corrisposta una retribuzione fissa o a giornata intera o a periodi superiori È annotata solo la giornata di presenza al lavoro.

3. Il libro unico del lavoro deve essere compilato coi dati di cui ai commi 1 e 2, per ciascun mese di riferimento, entro il giorno 16 del mese successivo.

4. Il Ministro del lavoro, della salute e delle politiche sociali stabilisce, con decreto da emanarsi entro trenta giorni dalla data di entrata in vigore del presente decreto, le modalità e tempi di tenuta e conservazione del libro unico del lavoro e disciplina il relativo regime transitorio.

5. Con la consegna al lavoratore di copia delle scritturazioni effettuate nel libro unico del lavoro il datore di lavoro adempie agli obblighi di cui alla legge 5 gennaio 1953, n. 4.

6. La violazione dell'obbligo di istituzione e tenuta del libro unico del lavoro di cui al comma 1 È punita con la sanzione pecuniaria amministrativa da 500 a 2.500 euro. L'omessa esibizione agli organi di vigilanza del libro unico del lavoro È punita con la sanzione pecuniaria amministrativa da 200 a 2.000 euro. I soggetti di cui all'articolo 1, comma 4, della legge 11 gennaio 1979, n. 12, che, senza giustificato motivo, non ottemperino entro quindici giorni alla richiesta degli organi di vigilanza di esibire la documentazione in loro possesso sono puniti con la sanzione amministrativa da 250 a 2000 euro. In caso di recidiva della violazione la sanzione varia da 500 a 3000.

7. Salvo i casi di errore meramente materiale, l'omessa o infedele registrazione dei dati di cui ai commi 1 e 2 che determina differenti trattamenti retributivi, previdenziali o fiscali È punita con la sanzione pecuniaria amministrativa da 150 a 1500 euro e se la violazione si riferisce a più di dieci lavoratori la sanzione va da 500 a 3000 euro. La violazione dell'obbligo di cui al comma 3 È punita con la sanzione pecuniaria amministrativa da 100 a 600 euro, se la violazione si riferisce a più di dieci lavoratori la sanzione va da 150 a 1500 euro. La mancata conservazione per il termine previsto dal decreto di cui al comma 4 È punita con la sanzione pecuniaria amministrativa da 100 a 600 euro. Alla contestazione delle sanzioni amministrative di cui al presente comma provvedono gli organi di vigilanza che effettuano accertamenti in materia di lavoro e previdenza. Autorità competente a ricevere il rapporto ai sensi dell'articolo 17 della legge 24 novembre 1981, n. 689 È la Direzione provinciale del lavoro territorialmente competente.

8. Il primo periodo dell'articolo 23 del decreto del Presidente della Repubblica 30 giugno 1965, n. 1124 È sostituito dal

seguente: «Se ai lavori sono addette le persone indicate dall'articolo 4, numeri 6 e 7, il datore di lavoro, anche artigiano, qualora non siano oggetto di comunicazione preventiva di instaurazione del rapporto di lavoro di cui all'articolo 9-bis, comma 2, del decreto-legge 1° ottobre 1996, n. 510, convertito, con modificazioni, nella legge 28 novembre 1996, n. 608, e successive modificazioni, deve denunciarle, in via telematica o a mezzo fax, all'Istituto assicuratore nominativamente, prima dell'inizio dell'attività lavorativa, indicando altresì il trattamento retributivo ove previsto».

9. Alla legge 18 dicembre 1973, n. 877 sono apportate le seguenti modifiche: a) nell'articolo 2, È abrogato il comma 3; b) nell'articolo 3, i commi da 1 a 4 e 6 sono abrogati, il comma 5 È sostituito dal seguente: «Il datore di lavoro che faccia eseguire lavoro al di fuori della propria azienda È obbligato a trascrivere il nominativo ed il relativo domicilio dei lavoratori esterni alla unità produttiva, nonché la misura della retribuzione nel libro unico del lavoro»; c) nell'articolo 10, i commi da 2 a 4 sono abrogati, il comma 1 È sostituito dal seguente: «Per ciascun lavoratore a domicilio, il libro unico del lavoro deve contenere anche le date e le ore di consegna e riconsegna del lavoro, la descrizione del lavoro eseguito, la specificazione della quantità e della qualità di esso»; d) nell'articolo 13, i commi 2 e 6 sono abrogati, al comma 3 sono abrogate le parole «e 10, primo comma», al comma 4 sono abrogate le parole «3, quinto e sesto comma, e 10, secondo e quarto comma».

Art. 40. Tenuta dei documenti di lavoro ed altri adempimenti formali

1. L'articolo 5 della legge 11 gennaio 1979, n. 12 È sostituito dal seguente: «1. Per lo svolgimento della attività di cui all'articolo 2 i documenti dei datori di lavoro possono essere tenuti presso lo studio dei consulenti del lavoro o degli altri professionisti di cui all'articolo 1, comma 1. I datori di lavoro che intendono avvalersi di questa facoltà devono comunicare preventivamente alla Direzione provinciale del lavoro competente per territorio le generalità del soggetto al quale È stato affidato l'incarico, nonché il luogo ove sono reperibili i documenti. 2. Il consulente del lavoro e gli altri professionisti di cui all'articolo 1, comma 1, che, senza giustificato motivo, non ottemperino entro 15 giorni alla richiesta degli organi di vigilanza di esibire la documentazione in loro possesso, sono puniti con la sanzione pecuniaria amministrativa da 100 a 1000 euro. In caso di recidiva della violazione È data informazione tempestiva al Consiglio provinciale dell'Ordine professionale di appartenenza del trasgressore per eventuali provvedimenti disciplinari».

2. All'articolo 4-bis del decreto legislativo 21 aprile 2000, n. 181, come inserito dall'articolo 6 del decreto legislativo 19 dicembre 2002, n. 297, il comma 2 È sostituito dal seguente: «2. All'atto della assunzione, prima dell'inizio della attività di lavoro, i datori di lavoro pubblici e privati, sono tenuti a consegnare ai lavoratori una copia della comunicazione di instaurazione del rapporto di lavoro di cui all'articolo 9-bis, comma 2, del decreto-legge 1° ottobre 1996, n. 510, convertito, con modificazioni, nella legge 28 novembre 1996, n. 608, e successive modificazioni, adempiendo in tal modo anche alla comunicazione di cui al decreto legislativo 26 maggio 1997, n. 152. L'obbligo si intende assolto nel caso in cui il datore di lavoro consegni al lavoratore, prima dell'inizio della attività lavorativa, copia del contratto individuale di

lavoro che contenga anche tutte le informazioni previste dal decreto legislativo 26 maggio 1997, n. 152. La presente disposizione non si applica per il personale di cui all'articolo 3 del decreto legislativo 30 marzo 2001, n. 165».

3. All'articolo 8 del decreto legislativo 19 novembre 2007, n. 234 sono apportate le seguenti modifiche: a) al comma 2 sono abrogate le parole «I registri sono conservati per almeno due anni dopo la fine del relativo periodo»; b) il comma 3 È sostituito dal seguente: «Gli obblighi di registrazione di cui al comma 2 si assolvono mediante le relative scritturazioni nel libro unico del lavoro».

4. Il comma 6 dell'articolo 9 della legge 12 marzo 1999, n. 68, È sostituito dal seguente: «6. I datori di lavoro pubblici e privati, soggetti alle disposizioni della presente legge sono tenuti ad inviare in via telematica agli uffici competenti un prospetto informativo dal quale risultino il numero complessivo dei lavoratori dipendenti, il numero e i nominativi dei lavoratori computabili nella quota di riserva di cui all'articolo 3, nonché i posti di lavoro e le mansioni disponibili per i lavoratori di cui all'articolo 1. Se, rispetto all'ultimo prospetto inviato, non avvengono cambiamenti nella situazione occupazionale tali da modificare l'obbligo o da incidere sul computo della quota di riserva, il datore di lavoro non È tenuto ad inviare il prospetto. Al fine di assicurare l'unitarietà e l'omogeneità del sistema informativo lavoro, il modulo per l'invio del prospetto informativo, nonché la periodicità e le modalità di trasferimento dei dati sono definiti con decreto del Ministro del lavoro, della salute e delle politiche sociali, di concerto con il Ministro per l'innovazione e le tecnologie e previa intesa con la Conferenza Unificata. I prospetti sono pubblici. Gli uffici competenti, al fine di rendere effettivo il diritto di accesso ai predetti documenti amministrativi, ai sensi della legge 7 agosto 1990, n. 241, dispongono la loro consultazione nelle proprie sedi, negli spazi disponibili aperti al pubblico».

5. Al comma 1 dell'articolo 17 della legge 12 marzo 1999, n. 68 sono soppresse le parole «nonché apposita certificazione rilasciata dagli uffici competenti dalla quale risulti l'ottemperanza alle norme della presente legge».

6. Gli armatori e le società di armamento sono tenute a comunicare, entro il ventesimo giorno del mese successivo alla data di imbarco o sbarco, agli Uffici di collocamento della gente di mare nel cui ambito territoriale si verifica l'imbarco o lo sbarco, l'assunzione e la cessazione dei rapporti di lavoro relativi al personale marittimo iscritto nelle matricole della gente di mare di cui all'articolo 115 del Codice della Navigazione, al personale marittimo non iscritto nelle matricole della gente di mare nonché a tutto il personale che a vario titolo presta servizio, come definito all'articolo 2, comma 1, lettera a) del decreto del Presidente della Repubblica n. 324 del 2001.

(Girodivite, 13 maggio 2009 – G. Giuffrida)

Il cavaliere e la fanciulla

Un giorno, mentre era vicino alla fontana a prendere l'acqua, vide venire verso di lei un anziano cavaliere.

C'era una volta una bellissima fanciulla che viveva sola con la madre, dopo che il padre era morto in guerra. Abitava a S. Angelo, vicino la chiesa di S. Michele.

Un giorno, mentre era vicino alla fontana a prendere l'acqua, vide venire verso di lei un anziano cavaliere. Questi si era avvicinato alla fon-tana per far dissetare il suo cavallo ma, appena vide la fanciulla, rimase folgorato dalla sua bellezza, al punto da non aver parole. La fissò a lungo in silenzio e poi, destatosi dall'incanto, le rivolse la parola: "O giovane fanciulla, la tua bellezza mi ha folgorato. Non ho mai visto una donna più bella di te. Cosa devo fare per averti? Io ho 60 anni ma sono molto ricco".

La fanciulla subito lo guardò e gli rispose: "Signore, io sono una povera popolana, orfana di padre per giunta. Non posso aspirare ad un matrimonio con un nobile cavaliere". E si allontanò. Ma il cavaliere non desistè. La inseguì e, prèsale la mano: "E allora, parliamo chiaro, se non puoi essere mia sposa, voglio almeno che tu sia mia per una notte. Ti darò cento duca-ti". La fanciulla, furba, lo fissò e poi gli disse: "Se proprio mi volete , aspettatemi. Io ne parlerò con mia madre e poi vi darò la risposta .Ci rivedremo domani in questo stesso posto 'e alla stessa ora. E si allontanò.

Tornata a casa, raccontò tutto alla mamma. "Tu che vuò fa?" chiese la mamma. "Niente mammà, manco si m'accirono ce vaco cu isso... è viecchio. Però, ciento ducate sò ciento ducate". Subito la mamma: "Hai ragione. .. figlia mia... ce servésseno proprio sti ciento ducate. Ce putessemo fà ru curredo e te putisse spusà a chi vuò!" Pensò, pensò e poi alla fine ebbe l'idea: "Sienteme a me! Dimane tu tuorne a funtana e ce dice che je sò d'accordo".

La figlia la guardò stupita, ma la mamma la rassicurò: "Nun te preoccupà, nuje ricimme che ssì, poi saccio je comme aggia fà.. Nun te preoccupà. Tu dimane ru pigli e ru puorte ccà. Nuie ru facimme vève e ri dammo a medicina giusta. Senza fàrcene accorge, ce mettimmo nu poco "d'addobbio" (sonnifero) reni'a ru bicchiere e isso s'addorme. Quanno se scete, tu te fai truvà cuccata vicino a isso e ri rice che sì stata cu isso tutta a notte. Isso ce crére e te rà ri ciento ducati".

L'indomani la figlia ritornò alla fontana ed invitò il vecchio cavaliere ad andare a casa. "Cavaliè, mamma mi ha dato ru permesso: putite venì a casa. Venite appriesso a me". E si avviò. Il vecchio cavaliere, tutto baldanzoso, scese da cavallo e s'incamminò dietro di lei. Appena giunsero a casa, trovarono la mamma della ragazza che li stava aspettando. "Quale onore p'a casa nosta (disse rivolta al cavaliere), o nobbile cavaliere. Nuje nun tenimmo niente da ve dà, pecchè simmo puverelle, ma chesto tenimmo e chesto ve damme: è Falerno d'a Caurana (dell'Incaldana). Pigliate, è lu vino che facimme nuie: è da casa". E gli porse un bicchiere di vino.

Il cavaliere, colpito da tanta gentilezza, non pensò minimamente ad un inganno e subito accettò il vino. Lo bevve tutto di un sorso e poi, senza frapporre indugio, disse "Io sono qui per vostra figlia e sono pronto a rispettare la promessa fatta, se voi acconsentite". La madre: "Mia figlia m'ha cuntato tutto ru fatto, pe filo e pe parola, e m'ha ritto pure qual è la sua intenzione. Essa è grossa ormai e je nunn'ha voglio cuntrarià. Anzi pe ve dimostra che je sò d'accordo, mò me ne vaco a durmì addò a cummara mia e ce verimmo dimane "mmatina". Ed uscì di casa.

La figlia, allora, rivolta al cavaliere, gli disse: "Cavaliè, je me vaco a mette a cammisa da notte. Vuie aspettateme che mò vengo. Assettàteve, che vengo subbeto". Il vino però subito fece effetto. Infatti il cavaliere, appena la ragazza uscì, si addormentò come un ghiro e crollò sul letto. Subito entrarono in casa la mamma ed alcuni vicini che erano stati precedentemente avvisati e, spogliato il vecchio, lo misero sotto le coperte. Poi sostituirono la candela che era accesa con un mozzicone di cera per dare l'idea che fosse passato molto tempo e si affacciarono alla finestra, dalla parte della strada.

Dopo un po' di tempo, il cavaliere si svegliò e subito vide accanto a sé la fanciulla svestita. Allora si sollevò sul letto e cercò di rendersi conto dell'accaduto, ma all'improvviso entrarono tutti i vicini facendo festa e stingendogli la mano."Che è successo?"chiese il cavaliere che non riusciva a rendersi conto della presenza di tanta gente. La madre: "Cavalié, songo ri vicini miei. V'hanno visto trasì aieri sera e hanno vuluto sapè. Mò stanno ccà pecchè ve vonno stregne a mano. Loro nunn'hanno idea de gente comm'a vuie, che sò capace de pagà ciento ducate pe na notte." A queste parole i vicini applaudirono e il vecchio si sentì inorgoglito.

"Ma dimme na cosa, ma già è succieso tutte cose? (domandò alla ragazza). E lei di rimando: "Comme, e si è succieso! Me sento accisa... Mai visto na cosa de chesta... c'è stato ru terremoto rent'a sta stanza". Il vecchio allora, tutto contento, si rivestì e, prima di andar via, pagò i cento ducati. Poi se ne andò contento di aver ottenuto quello che vole-va senza che nessuno glielo avesse impedito.

Tratto da: Comune di Mandragone - tradizioni

Nelle favole tutto finisce bene e tutti sono colpevoli. Nella vita tutto finisce male e tutti sono innocenti

(Girodivite, 3 giugno 2009 – G. Giuffrida)

L'Enfasi e l'Epopea

Reminiscenze inquiete e malinconiche di un uomo, della sua miseria e del suo splendore.

Ci sono tanti modi per contrastare uno Stato: dal popolo, con la rivoluzione; dai potenti, con il colpo di stato; dal capitale, con il liberismo selvaggio. Ma vi è anche un modello nuovo, inedito: da un uomo, con l'antistato.

Quest'uomo immagina, che vi siano interessi superiori, rispetto a quelli dei cittadini e della collettività: i propri. Si comporta cioè come se lui fosse lo stato, o altra entità paritaria e parallela. Un uomo che, per mantenere e preservare la propria specificità ed esistenza sociale decide, costruisce e mette in atto una entità affine a quello stato legalitario. Lo scopo è quello di gestire una élite di potere e di accrescere, in svariate forme e con ogni mezzo, la propria capacità di ampliare il consenso.

Si pone nei confronti dello stato, non come cittadino, ma come soggetto alternativo e corrispondente, di pari rango, rispetto allo stato stesso. Deve elevarsi al di sopra di tutto e di tutti, senza riconoscere regole ed Istituzioni; se occorre, attuando anche la strategia del conflitto e della mistificazione. Il sistema che si delinea garantisce la libertà di opinione? la libertà di stampa? la libertà di riunione e di associazione? tollera il dissenso' favorisce i commerci anziché le guerre? determina regole certe che limitano il potere dei più forti? realizza poteri che si controllano vicendevolmente? Il sistema che si rappresenta emula i regimi totalitari e si caratterizza per la cultura del segreto. la strategia è messa in atto da un'élite che gestisce il potere incutendo timore e terrore, generando allo stesso tempo, consenso e obbedienza; fino a far nascere un pensiero unico ed omologato.

Il fenomeno sotto il profilo economico, si colloca e si realizza attraverso un sistema complesso ed articolato sui suoi rapporti con il capitalismo.

Come in certi ambienti, il sistema si fonda anche sulla presunta esistenza di un "codice giuridico o d'onore" il quale, tuttavia, non da certezza. Poiché esiste una ulteriore norma fondamentale: ogni regola può essere violata, purché a farlo sia il capo.

(Girodivite, 10 giugno 2009 – G. Giuffrida)

Delirio di impotenza

Egli comandava i politici di ogni classe e pensiero, imprenditori, sindacati e giornalisti, attori e ballerine, accompagnatrici, ragazzine, preti e carabinieri, militari e protettori (delle calamità civili e non).

Un ometto in divisa a strisce comincia a muovere le braccia a mò di sbattere le ali: siamo in un ospedale psichiatrico. Il caso è grave, doloroso. L'ometto crede di aver comandato l'Italia, con piglio e determinazione, con autorità, potenza e prepotenza: inguaribile. Egli è convinto, e lo ribadisce con forza e con vigore, che tutti erano ai suoi piedi, come un novello Napoleone, tutti, popolo compreso.

Egli comandava i politici di ogni classe e pensiero, imprenditori, sindacati e giornalisti, attori e ballerine, accompagnatrici, ragazzine, preti e carabinieri, militari e protettori (delle calamità civili e non). Non vi diremo da quanto tempo è qui, né vogliamo pensare al perché è finito qui, tantomeno alle cure non fatte, quando era in tempo.

La moglie lo ha abbandonato. Dice di non poter stare con un uomo che frequenta minorenni: "Mio marito non ha mai voluto fare nessuna visita specialistica. Questa sua condizione, negli anni, lo ha reso impotente, insicuro e insoddisfatto di se stesso, portandolo a compiere gesti che mettono a rischio la nostra vita familiare. Racconta a tutti un sacco di bugie dalle più piccole alle più grandi. Racconta di esse-re ricco, straricco (e invece siamo pieni di debiti), allo scopo di apparire grande, il numero uno in tutto. Regala di tutto a tutti:

vuole sentirsi dire che è bravo, buono, generoso, che lavora tanto.

Fa promesse che non riesce a mantenere, quindi alla fine è costretto a ingannare. Non ammette mai un suo errore, mai. Le bugie le dice anche a me, anzi, soprattutto a me, che sono diventata un investigatore privato, che cerco di correre ai ripari prima che lo denuncino o gli tirino qualcosa in te-sta. Oggi dopo le ultime cose che ho saputo penso che sarebbe mio dovere chiedere l'interdizione mentale. Aiutatemi per favore. Aiutatemi!»

Egli è molto religioso, positivo e altruista: a giudicare dai sondaggi. Io vivo qui dice, in questa struttura, un po' manicomio un po' penitenziario. La mia vera casa, un luogo dove ogni uomo può sentirsi ancora libero: La Casa Della Legalità.

La CDL è un luogo dove gli uomini girano liberi per i viali, un oasi con alcune centinaia di animali: papere, germani reali, oche, caprette; i malati fanno dei giri con la barca. C'è anche la piscina e il biliardo, la palestra e il computer. Ma soprattutto ci sono tutti i miei amici: politici locali e nazionali, di destra e di sinistra, imprenditori, alti prelati e banchieri. Ogni tanto facciamo anche delle feste ed io canto, accompagnato alla chitarra da un mio amico napoletano.

Ma Intanto i matti, che non sono scemi (come gli italiani), si lamentano. Dicono: "ci piacerebbe anche a noi diventare come loro". Di una sola cosa mi lamento, confondo le erezioni con le elezioni. Mah!

Shakespeare aveva proprio ragione: "il mondo È un palcoscenico". E io sono il protagonista. Il miglior protagonista. Ovviamente abbiamo vinto noi, ma era del tutto scontato.

(Girodivite, 7 aprile 2010 – G. Giuffrida)

Cleptocrazia

Epitome panegirica di apologia e retorica.

Mi chiamo Claudio e sono di Imperia. Devo tutto a mio padre, all'educazione che mi ha dato, ai valori che mi ha trasmesso, alle sue origini contadine.

All'età di 6 anni, mi mandò a studiare dai Gesuiti, diceva che "l'educazione non basta, se non è seguita, accompagnata e completata dalla cultura e dall'onestà".

Lì passai quindici anni della mia vita, ma non fu tempo sprecato. Alla fine ero così colto che mi resi conto di tutto quello che non conoscevo; così educato che prima di salutare chiedevo scusa; così onesto che quando trovai un lavoro, lo restituii.

In questi giorni, a seguito di quello che mi è capitato, sto ricevendo fortissime espressioni di solidarietà. Sia da parte di politici, sia da parte della gente comune, quella che mi ama, che mi vuole bene.

Attualmente il mio mandato interessa lo sviluppo economico: il mio.

Siamo il governo del fare, e credetemi facciamo molto, molto più di quanto potete immaginare.

Ho una grande notizia da dare a tutti gli italiani. Malgrado la crisi, le disgrazie e le congiunture internazionali che caratterizzano di solito i nostri governi e che ben conoscete, finalmente, dopo l'ICI stiamo cominciando a realizzare u 'altro sogno, il più grande: UNA CASA PER TUTTI.

Per farvi capire che non è uno scherzo, per dare l'esempio, ho voluto provare di persona se ciò era possibile, cominciando da me. Devo riconoscere che può funzionare. Anche se, con qualche piccolo accorgimento... sarebbe stato meglio ....sicuramente più indolore.

Quindi, per un principio di elementare prudenza, prima di proporlo su scala nazionale, continueremo, con coraggio e umiltà, a collaudarlo continuamente, se occorre anche all'infinito. Sacrificandoci. In nome e per il bene di tutti gli Italiani.

Vi anticipo inoltre che è allo studio un' altra proposta di legge, quella sull'abolizione della tassa sulla spazzatura e delle spese condominiali (tanto sono spese inutili e sprechi da tagliare). Ovviamente, per quello spirito di sacrificio che ci contraddistingue rivolto al bene comune, non ci risparmieremo neanche questa volta. Per cui vi assicuro, saremo noi stessi, sulla nostra pelle, a verificare per primi l'impatto dell'innovazione.

Non mi ringraziate, non mi considero un genio, non potrei esserlo. Mi manca quella scintilla di follia che contraddistingue le rarissime persone come Silvio, che riescono con le loro imprese, ad elevarsi sul resto dell'umanità. Tuttavia, mi sento un grande e soprattutto un poliedrico artista.

E visto che sono poliedrico, onesto e colto, vi elargirò (gratuitamente) una lezione di geometria e di morale, appresa negli anni importanti della mia formazione al seminario: "Convinto dalla tangente, il cerchio accetto' di trasformarsi in quadrato. L'angolo invece rifiutò: era sempre stato retto e tale voleva restare" (anonimo)

(Girodivite, 21 luglio 2010 – G. Giuffrida)

Nota di edizione

Questo libro

Questo libro raccoglie alcuni degli scritti di Gianni Giuffrida, collaboratore di Girodivite, che ci ha lasciati il 21 febbraio 2017. Pubblichiamo, riadattata per il pubblico, la tesi di laurea con la quale la figlia Cristina ha conseguito la Laurea in Economia Aziendale nel 2017. Un omaggio che la Redazione di Girodivite vuole dedicare alla memoria di un suo prezioso collaboratore che ha arricchito le pagine del giornale con argomentazioni acute e di grande umanità.

L'autrice / l'Autore

Cristina Giuffrida (Milano, 1989), laureata in Scienza dell'Economia e della Gestione Aziendale nel 2017, frequenta la Specialistica in Scienze Economiche Aziendali presso l'Università di Bergamo. Vive tra Bergamo ed Acireale.

Giovanni (Gianni) Giuffrida (Catania 1956-2017), capo ufficio amministrativo presso STAGI Snc di Catania, è stato Ispettore di Vigilanza INPS dall'agosto 1988 fino alla morte. Laureato in Economia Aziendale Manageriale, è stato collaboratore di Girodivite.

Le edizioni ZeroBook

Le edizioni ZeroBook nascono nel 2003 a fianco delle attività di www.girodivite.it. Il claim è: "un'altra editoria è possibile". ZeroBook è una piccola casa editrice attiva soprattutto (ma non solo) nel campo dell'editoriale digitale e nella libera circolazione dei saperi e delle conoscenze.

Quanti sono interessati, possono contattarci via email: zerobook@girodivite.it

O visitare le pagine su: http://www.girodivite.it/-ZeroBook-.html

Ultimi volumi:

Sotto perlaceo cielo : mito e memoria nell'opera di Francesco Pennisi / di Luca Boggio (ISBN 978-88-6711-129-9)

La diaspora del comunismo italiano / di Ferdinando Leonzio (ISBN 978-88-6711-127-5)

Celluloide : storie personaggi recensioni e curiosità cinematografiche / a cura di Piero Buscemi (ISBN 978-88-6711-123-7)

Cento gocce di vita / di Ferdinando Leonzio (ISBN 978-88-6711-121-3)

Donne del socialismo / di Ferdinando Leonzio (ISBN 978-88-6711-117-6)

Neuroni in fuga / Adriano Todaro (ISBN 978-88-6711-111-4)

Parole rubate / redazione Girodivite-ZeroBook (ISBN 978-88-6711-109-1)

Accanto ad un bicchiere di vino : antologia della poesia da Li Po a Rino Gaetano / a cura di Piero Buscemi (ISBN 978-88-6711-107-7, 978-88-6711-108-4)

Il cronoWeb / a cura di Sergio Failla (ISBN 978-88-6711-097-1)

Col volto reclinato sulla sinistra / di Orazio Leotta (ISBN 978-88-6711-023-0)

L'isola dei cani / di Piero Buscemi (ISBN 978-88-6711-037-7)

Saggistica:

I Sessantotto di Sicilia / Pina La Villa, Sergio Failla (ISBN 978-88-6711-067-4)

Il Sessantotto dei giovani leoni / Sergio Failla (ISBN 978-88-6711-069-8)

Antenati: per una storia delle letterature europee: volume primo: dalle origini al Trecento / di Sandro Letta (ISBN 978-88-6711-101-5)

Antenati: per una storia delle letterature europee: volume secondo: dal Quattrocento all'Ottocento / di Sandro Letta (ISBN 978-88-6711-103-9)

Antenati: per una storia delle letterature europee: volume terzo: dal Novecento al Ventunesimo secolo / di Sandro Letta (ISBN 978-88-6711-105-3)

Il cronoWeb / a cura di Sergio Failla (ISBN 978-88-6711-097-1)

Il prima e il Mentre del Web / di Victor Kusak (ISBN 978-88-6711-098-8)

Col volto reclinato sulla sinistra / di Orazio Leotta (ISBN 978-88-6711-023-0)

Il torto del recensore / di Victor Kusak (ISBN 978-6711-051-3)

Elle come leggere / di Pina La Villa (ISBN 978-88-6711-029-2

Segnali di fumo / di Pina La Villa (ISBN 978-88-6711-035-3)

Musica rebelde / di Victor Kusak (ISBN 978-88-6711-025-4)

Il design negli anni Sessanta / di Barbara Failla

Maledetti toscani / di Sandro Letta (ISBN 978-88-6711-053-7)

Socrate al caffé / di Pina La Villa (ISBN 978-88-6711-027-8)

Le tre persone di Pier Vittorio Tondelli / di Alessandra L. Ximenes (ISBN 978-88-6711-047-6)

Del mondo come presenza / di Maria Carla Cunsolo (ISBN 978-88-6711-017-9)

Stanislavskij: il sistema della verità e della menzogna / di Barbara Failla (ISBN 978-88-6711-021-6)

Quando informazione è partecipazione? / di Lorenzo Misuraca (ISBN 978-88-6711-041-4)

L'isola che naviga: per una storia del web in Sicilia / di Sergio Failla

Lo snodo della rete / di Tano Rizza (ISBN 978-88-6711-033-9)

Comunicazioni sonore / di Tano Rizza (ISBN 978-88-6711-013-1)

Radio Alice, Bologna 1977 / di Lorenzo Misuraca (ISBN 978-88-6711-043-8)

L'intelligenza collettiva di Pierre Lévy / di Tano Rizza (ISBN 978-88-6711-031-5)

I ragazzi sono in giro / a cura di Sergio Failla (ISBN 978-88-6711-011-7)

Proverbi siciliani / a cura di Fabio Pulvirenti (ISBN 978-88-6711-015-5)

Parole rubate / redazione Girodivite-ZeroBook (ISBN 978-88-6711-109-1)

Accanto ad un bicchiere di vino : antologia della poesia da Li Po a Rino Gaetano / a cura di Piero Buscemi (ISBN 978-88-6711-107-7, 978-88-6711-108-4)

Neuroni in fuga / Adriano Todaro (ISBN 978-88-6711-111-4)

Celluloide : storie personaggi recensioni e curiosità cinematografiche / a cura di Piero Buscemi (ISBN 978-88-6711-123-7)

Sotto perlaceo cielo : mito e memoria nell'opera di Francesco Pennisi / di Luca Boggio (ISBN 978-88-6711-129-9)

Per una bibliografia sul Settantasette / Marta F. Di Stefano (ISBN 978-88-6711-131-2)

Narrativa:

L'isola dei cani / di Piero Buscemi (ISBN 978-88-6711-037-7)

L'anno delle tredici lune / di Sandro Letta (ISBN 978-88-6711-019-3)

Poesia:

Il libro dei piccoli rifiuti molesti / di Victor Kusak (ISBN 978-88-6711-063-6)

L'isola ed altre catastrofi (2000-2010) di Sandro Letta (ISBN 978-88-6711-059-9)

La mancanza dei frigoriferi (1996-1997) / di Sergio Failla (ISBN 978-88-6711-057-5)

Stanze d'uomini e sole (1986-1996) / di Sergio Failla (ISBN 978-88-6711-039-1)

Fragma (1978-1983) / di Sergio Failla (ISBN 978-88-6711-093-3)

Libri fotografici:

I ragni di Praha / di Sergio Failla (ISBN 978-88-6711-049-0)

Transiti / di Victor Kusak (ISBN 978-88-6711-055-1)

Ventimetri / di Victor Kusak (ISBN 978-88-6711-095-7)

Opere di Ferdinando Leonzio:

Una storia socialista : Lentini 1956-2000 / di Ferdinando Leonzio (ISBN 978-88-6711-125-1)

Segretari e leader del socialismo italiano / di Ferdinando Leonzio (ISBN 978-88-6711-113-8)

Breve storia della socialdemocrazia slovacca / di Ferdinando Leonzio (ISBN 978-88-6711-115-2)

Donne del socialismo / di Ferdinando Leonzio (ISBN 978-88-6711-117-6)

La diaspora del socialismo italiano / di Ferdinando Leonzio (ISBN 978-88-6711-119-0)

Cento gocce di vita / di Ferdinando Leonzio (ISBN 978-88-6711-121-3)

La diaspora del comunismo italiano / di Ferdinando Leonzio (ISBN 978-88-6711-127-5)

Cataloghi:

ZeroBook: catalogo dei libri e delle idee 2017

ZeroBook: catalogo dei libri e delle idee 2016

ZeroBook: catalogo dei libri e delle idee 2015

ZeroBook: catalogo dei libri e delle idee 2012

Catalogo ZeroBook 2007

Catalogo ZeroBook 2006

Riviste:

Post/teca, antologia del meglio e del peggio del web italiano

ISSN 2282-2437

http://www.girodivite.it/-Post-teca-.html

Girodivite, segnali dalle città invisibili

ISSN 1970-7061

http://www.girodivite.it

https://www.girodivite.it